애프터의 힘

애프터의 힘

지은이 | 앤디 바운즈
옮긴이 | 김희상
처음 찍은날 | 2007년 12월 10일
처음 펴낸날 | 2007년 12월 15일
펴낸곳 | 이론과실천
펴낸이 | 김인미
등록 | 제10-1291호
주소 | 121-856 서울시 마포구 신수동 448-6 한국출판협동조합 내
전화 | 02-714-9800
팩시밀리 | 02-702-6655
전자우편 | e-shil@hanmail.net
값 | 11,000원
ISBN | 978-89-313-4001-3 13320

*잘못 만들어진 책은 바꿔 드립니다.

• 잘나가는 사람들의 인간관리 기술 •

애프터의 힘

앤디 바운즈 지음 | 김희상 옮김

이실MBA

• 잘나가는 사람들의 인간관리 기술 •

| 추천사 |

15년 동안 최고의 기업들에서 PR과 커뮤니케이션 분야를 맡아온 사람으로서 자신 있게 말한다면, 앤디 바운즈가 커뮤니케이션에 관해 모르는 것은 알 필요가 없다. 그는 진정 천재이며, 그의 가르침은 꼭 새겨두어야 한다.” — 헬렌 밀스(글로벌 PR 다이렉터)

“앤디 바운즈가 내게 심어준 커뮤니케이션 기법은 이전에 두 명의 미국 대통령에게 프레젠테이션 기법을 가르쳤던 전문가의 것보다 훨씬 더 간결하고 분명했다.” — 드레이턴 버드 (다이렉트 마케팅 분야의 세계적인 권위자)

“앤디의 기법은 어찌나 쉽고 간단하면서도 적용하기 좋은지, 천재의 경지란 이런 것이구나 하는 찬탄을 자아낸다.” — 슈 올드리지(스코틀랜드 왕립은행 지점장)

“앤디 바운즈는 아주 독특한 방식으로 커뮤니케이션에 영감을 불어넣어준다. 그는 또 사람들이 커뮤니케이션을 통해 더욱 많은 것을 성취할 수 있도록 돕는 탁월한 능력을 지니고 있다. 그와 함께 작업한 사람들은 모두 그의 지도가 대단한 가치를 가지고 있음을 인정했다. 진정한 차별성을 가지고 있다며 입을 모아 말했다. 내가 할 수 있는 말은 단 한 마디다. 이 책을 읽어라. 이전과 확 달라진 커뮤니케이션을 통해 더 나은 대인관계를 맺을 수 있으리라 확신한다.” — 하이디 월턴(npower 인사책임자)

“나는 앤디 바운즈로부터 훈련받은 기법들로 막대한 이득을 이끌어냈다. 최근 250여 개 기업들에게 프레젠테이션을 해서 얻어낸 환상적인 성과가 그 좋은 증거다.” — 데이비드 헌트(Barnardo’s 재무담당 이사)

“나는 앤디 바운즈와 일하기 시작하면서 우리 사업에 변화를 가져다준 혁명적인 순간을 지금까지도 생생하게 기억하고 있다. 이후 우리는 박차를 가해 사업에 매진하면서 혁신적인 진척을 이끌어낼 수 있었다. 뉴질랜드 정부를 포함해 우리는 모두 승자였다.” — 마크 싱클레어(영국 허법 대표이사)

“천재란 복잡한 것을 단순하게 만드는 능력이라고 말하기도 한다. 그 말이 맞다면 앤디 바운즈야말로 진정한 천재이리라. 당장 이 책을 읽어보라. 커뮤니케이션을 예술의 경지로 끌어올리는 통찰과 아이디어가 가득하다. 이를 활용하면 사람들과 관계를 맺는 법을 쉽게 이해하고 실천에 옮길 수 있을 것이다. 그렇다. 당신은 때때로 정신이 번쩍 뜨이는 순간을 경험하며, 왜 이런 생각을 미처 하지 못했는지 놀라마지 않으리라. 사실 우리가 원하는 것은 앤디 바운즈처럼 글을 쉬우면서도 명확하게 쓰는 능력이다. 이 책을 읽고도 사업을 성공적으로 이끌지 못하는 사람이 있다면 나는 그들을 무시할 것이다.” — 폴 맥기(《S.U.M.O.》 저자)

“당신이 하고 싶은 게 무엇이든 성공하기를 원한다면 앤디 바운즈와 대화해보라.” — 이언 마틴(HSBC 특별지역 개발이사)

“앤디 바운즈를 고용한 것이 우리가 할 수 있는 최선의 투자라는 데에는 조금도 의심할 여지가 없다.” — 질리안 & 마틴 로슨(BNI 유럽담당 이사)

나의 절친한 친구이자 동료인 폴 맥기는 나를 출판인인 존 모슬리와 이언 캠벨에게 소개했다. 존과 이언 그리고 나는 자기계발에 관한 열정을 공유하며 이 책을 함께 만들기로 의기투합했다. 글을 쓰는 내내 그들은 필요한 지원을 아끼지 않았다. 함께 일할 수 있어서 너무나 기쁜 나날이었다. 다시 한번 그들에게 감사드린다.

폴 그리고 존과 이언이 도와주기는 했지만, 만약 내가 직접 원고를 타이핑해야만 했다면 이 책은 결코 나올 수 없었으리라. 단언하지만 내가 자판을 다루는 속도는 지구상에서 가장 느릴 것이다. 그래서 고도로 숙련된 솜씨는 물론 대단한 인내심을 지닌 두 명의 타이피스트에게 깊은 감사를 드린다. 한 명은 도큐먼트 다이렉트 사의 제인 스미스, 다른 한 명은 나의 어머니 제랄딘이다. 내 원고를 다루기 위해 공들였을 수많은 시간을 생각하면 낯이 화끈거릴 정도다.

이 책을 읽는 동안 알게 되겠지만, 어머니와 아버지는 내가 하는 모든 일에 용기와 희망을 불어넣어주었다. 두 분을 부모님으로 모실 수 있어서 더없이 자랑스럽고 고맙기 그지없다.

또 우리 사업이 성공할 수 있도록 모든 노력을 아끼지 않은 동료들, 특히 사라와 리즈에게 감사를 드리지 않을 수 없다.

　마지막으로 가장 큰 감사를 드려야 할 사람은, 내 전속 편집자이자 최고의 친구이며, 사업파트너이자 냉철한 비판자이면서, 영혼을 나눈 동지인 나의 아내 에마다. 에마, 내 인생의 다른 모든 것과 마찬가지로, 당신이 없었다면 이 책은 나오지 못했을 거요.

나는 시력이 몹시 나쁘다. 한쪽 눈은 아예 보지 못한다. 그나마 좋은 쪽 눈도 마이너스 14.5에 불과하다(일반 사람들의 시력이 마이너스 10보다 떨어지는 경우는 드물다). 이는 무엇보다도 운전을 할 수 없음을 의미한다. 학교를 다닐 때 내 자리는 항상 맨 앞이었다.

거리가 얼마나 떨어져 있는지 판단할 수 없는 것은 당연하다. 던져주는 물건을 거의 받을 수 없다. '마법의 눈'이라고 불리는 입체 영상이 내게는 불가능하다. 3차원 안경을 써도 내게는 모든 것이 2차원으로 보일 뿐이다. 그나마 얼마 가지 않아 전부 빨갛게 보인다.

하지만 나는 나쁜 시력 덕분에 비즈니스 커뮤니케이션이란 어떻게 해야 하는지 믿기 어려울 정도로 놀라운 통찰력을 갖게 되었다. 장담하건대 그 어느 곳에서도 만나볼 수 없는 능력이리라.

내게 비즈니스 커뮤니케이션은 오직 한 가지만 하는 것이다. 그것은 남을 즐겁게 하거나, 강한 인상을 심어주거나, 충격을 주어 놀라게 하는 것이 아니다. 간단하다. 그것은 고객이 원하는 것을 실현하는 작업이다. 훌륭한 판매 전략은 물건을 팔면 된다. 동기 부여 능력이 뛰어난 연사는 사람들에게 능동적인 동기를 심어준다. 좋은 훈련 프로그램은 참가자들의 능력을 끌어올린다.

부족한 시력은 나로 하여금 비즈니스 커뮤니케이션을 성공적으로 이끄는 많은 비법을 환히 들여다볼 수 있게 해주었다. 핵심은 간단하다. 보다 더 높은 효과를 노려라.

예를 들어 한 백화점은 나와 함께 한 뒤 높은 매출 수익을 거두었다. 다른 한 고객은 국제적인 명성을 누리는 강사이자 마케팅 분야의 전설로 자리 잡았다. 채 한 시간이 걸리지 않은 첫 만남 후 그는 내게 이렇게 말했다.

"이전에 두 명의 미국 대통령을 가르쳤던 분보다 더 효과적으로 프레젠테이션 기술을 가르치시는군요."

그동안 나는 방송인·대기업 임원·성공적인 리더·경제전문가·각종 자선기관·마케팅 담당자·정치가들이 더욱 효과적인 커뮤니케이션을 할 수 있도록 도와주었다. 그 이유는 간단하다. 믿기 어려울지 모르지만 나는 글자 그대로 반맹(半盲)이기 때문이다. 앞을 제대로 보지 못하면서 어떻게 그럴 수 있을까?

나의 나쁜 시력은 유전적으로 타고난 질병으로, 스티클러 증후군이다. 그것이 내 병의 정체다. 내 딸도 이 병에 걸렸다. 어머니 역시 같은 병을 앓고 있다. 스티클러 증후군이란 유전자 돌연변이에 의해 생긴 희귀병으로, 시력 및 청력 장애, 척추 기형 등 복합적인 증상을 나타내는 질환이다.

어머니는 시력을 완전히 잃었다. 내가 왼쪽 눈의 시력을 잃었을 시기와 같은 여덟 살 때 그렇게 되었다고 한다. 나는 앞을 보지 못하는 어머니 앞에서 다른 사람들은 결코 해보지 못한 일을 했다. 그것은 사물이나 풍경을 말로 설명하는 것이었다.

어릴 적, 나는 어머니 무릎에 앉아 이렇게 물었다.

"엄마, 방 안의 풍경을 어떻게 설명해야 가장 좋을까? 뭐라고 말해야 엄마가 금방 알아들어?"

나는 이런 식으로 어머니와 이야기를 나누었다. 사람이 그 대상일 때도 있었고, 바깥 풍경이나 어머니가 처음 와보는 곳도 말로 알려주었다. 내가 영화 내용을 얼마나 실감나게 설명했던지 어머니는 직접 영화를 보는 것처럼 즐거워하셨다.

돌이켜보면 나는 일반 사람들이 알지 못하는 중요한 사실 하나를 정확히 알고 있었다. 그것은 우리가 일상적으로 말하는 방식은 다른 사람을 이해시키거나 설득하기에 부자연스럽다는 점이었다. 우리의 타고난 언어는 우리의 타고난 이해방식과 들어맞지 않는다. 그래서 나는 설명하는 방식을 바꾸었다. 방 안의 물건들을 하나하나 설명하는 것이 아니라 전체 상황을 그림처럼 떠올릴 수 있도록 해주었다. 맥락을 잡아준다고 해야 할까. 그러자 어머니는 아주 쉽게 알아들었다. 그리고 내가 말해준 그대로 행동했다.

'당신이 눈먼 어머니에게 이야기하는 게 나랑 무슨 상관이지? 사업을 하면서 눈먼 사람과 만나는 일은 거의 없잖아.'

이 글을 읽으면서 여러분은 이렇게 생각할지 모른다. 물론 그렇다.

하지만 누군가 프레젠테이션을 하는 동안 지겹고 따분했던 적은 없는가? 그렇지 않았다면 놀라운 일이다. 마케팅 전문인력을 양성하는 PTP 트레이닝 마케팅의 연구 결과에 따르면 경영자들 중 97퍼센트가 프레젠테이션 내내 정신을 집중하기 힘들었다고 토로했다. 주된 이유로 너무나 많은 정보, 장황하기만 한 설명, 슬라이드만 보고 읽는 발표태도 등을 꼽았다.

모임에 참석했다가 지금까지 당신의 삶과 별 다를 게 없어 중간에 슬그머니 빠져나온 적은 없는가? 핵심이 없어 지루하고 따분하기만 한 대화를 참아본 적은 없는가? 성공할 수 있다고, 꼭 성공해야 한다고 자신했던 사업을 놓친 적은 없는가?

그런 경우가 있었을 것이다. 누구나 그와 같은 경험을 가지고 있다. 나도 그랬다. 하지만 나는 앞 못 보는 어머니에게 이야기해주면서 놀라운 사실을 깨달았고, 그것을 비즈니스 커뮤니케이션에 활용할 수 있는 방법을 찾아냈다. 인맥을 쌓거나, 프레젠테이션을 하거나, 회의 또는 인터뷰를 하면서 그 방법은 놀랄 만한 효과를 거두었다.

내 어머니는 매우 현명한 분이다. 어머니는 영국의 오랜 역사를 통틀어 두 번째 맹인 여성 변호사다. 대단한 지성을 지닌 분이지만, 어머니는 아쉽게도 앞을 보지 못한다.

당신이 사업상 대화를 나누는 상대방은 아주 밝게 볼 것이다. 하지만 그들은 저마다 자신의 관점을 가지고 있다. 다시 말해 당신의 관점에서 사물을 보지 않는다. 따라서 상대방의 입장에서 전체 상황을 그림 그리듯 맥락을 넣어 보여주어야 한다. 그것이 바로 내가 어머니에게 늘 하던 방식이며, 지금도 그렇게 하고 있다.

이 책이 담고 있는 핵심은 바로 그것이다. 나는 다른 사람과 대화를 나눌 때 어떻게 해야 원하는 성과를 이끌어낼 수 있는지 보여줄 생각이다. 그룹이든 개인이든, 공식적이든 비공식적이든 상관없다. 조직 안에서든 밖에서든 원리는 같다. 달리 말해 이 책은 지금껏 당신이 커뮤니케이션을 통해 해왔던 것보다 훨씬 더 많은 것을 이루도록 돕고자 한다.

어떤 형태든 커뮤니케이션의 공통분모는 청중이 있다는 사실이다. 그들의 관점에서 본다면 성공에 이를 보다 좋은 기회를 잡게 된다. 이 말은 당신도 이미 잘 알고 있을 것이다. 하지만 알고 있으면서도 청중의 관점에서 커뮤니케이션을 하려는 사람은 드물다. 나는 아주 어려서부터 상대방의 관점에서 듣고 보고 말해야 한다는 것을 몸으로 터득했다. 알고 있으면서도 실천에 옮기지 못하면 실패한다. 당신이 원하는 것을 이루지 못하는 까닭은 이처럼 간단하다. 그리고 이것이 가장 중요한 이유다.

그래서 이 책은 당신이 처음 만난 사람에게 적절한 주제를 그에게 어울리도록 이야기함으로써 깊은 인상을 심어주는 방법을 가르쳐주려고 한다. 마찬가지로 이 책에서 어떤 상품을 누구에게 팔아야 할지 가장 쉽고도 빠른 방법을 찾을 수 있을 것이다. 상대방이 원하는 것을 적절하게 묻는 방법을 배운다면 신뢰가 쌓여 그가 당신을 다른 사람에게 추천하게 마련이다. 너무나 자연스럽게. 한마디로 당신이 프레젠테이션을 통해 원하는 것을 이룰 수 있는 간단하지만 분명한 비법을 익힐 수 있을 것이다.

이를 위해 필요한 것은 당신이 말하고 싶은 것, 그것을 강조하는 데 변화를 주는 것뿐이다. 당신이 말하고 싶은 문장의 순서를 약간 비틀어라. 흔히 쓰는 표현을 조금만 바로잡아라. 그러면 성과는 폭발적일 것이다. 이 책을 다 읽을 때면 이게 무슨 말인지 분명하게 깨달을 것이다. 무엇을 어떻게 말해야 할지 자연스럽게 터득할 것이다. 물론 이전과는 다른 성공을 맛볼 수 있으리라 확신한다.

차례

AFTER

5장 | 프레젠테이션, 그들에게 봉사하라

에필로그

지루한 일상은 지금 당장 버려라

누구나 다른 사람의 발표를 들으면서 몸이 비비 꼰 경험이 있었으리라. 발표자의 지루하기 짝이 없는 단조로운 목소리 때문에 몸이 몇 번이나 근질거렸을 것이다. 화난 나머지 여기만 아니라면 다른 어디라도 좋았을 걸 하며 가슴을 친 게 몇 번인가. 여기만 아니라면…….

나 자신이 그랬을 뿐만 아니라 내가 물어본 사람들 역시 예외 없이 같은 대답을 했다.

입장을 바꾸어 생각해보자. 당신이 발표자였다면? 당신이 그 모임의 주최자였다면? 바로 당신이 마케팅 담당자였다면? 지루하기 짝이 없는 이야기로 고객을 그처럼 내몰지 않았는가? 입 다물고 있는 것이 나았을 텐데 제 기분에 취해 하염없이 지껄인 적은 없는가? 상품을 구입하라고 고객을 지나치게 공격적으로 강요하지는 않았는가? 발표 도중 초조하고 두려운 나머지 식은땀을 흘리지 않았는가?

'이런, 안 돼! 다들 딴 짓만 하고 있네. 지루해 죽겠다는 표정이야. 다들 엉덩이에 좀이 쑤시는지 몸을 들썩거리느라 정신이 없네. 아직도 10분은 넘게 남았는데 이를 어쩌지? 그냥 대충 끝내버리고 말아?

모임에서도 비슷한 일이 자주 일어난다. 나와 대화를 나누던 사람이 내

어깨 너머를 힐끗거리며 다른 사람을 훔쳐볼 때면 어떻게 해야 좋을지 난감하기만 하다. 판매 상담을 할 때도 마찬가지다. 반드시 고객으로 삼고 싶은 사람이 흥미를 보이지 않아 애태운 적은 없는가? 다시 한번 강조하지만 누구나 그런 경험을 했다.

도대체 왜 그런 걸까? 왜 비즈니스 커뮤니케이션이 잘 이루어지지 않는 걸까? 왜 최선을 다했다고 생각했는데도 상대방의 마음을 사로잡지 못하는 걸까? 그 이유는 단 하나, 그것도 아주 단순하다.

> **우리는 사업이라는 명목으로 쓸 데 없는 이야기를 너무나 많이 한다.**
> — 시와 때도 없이
> — 매일
> — 누구에게나

맞는 말이지 않은가. 다음 사례들을 보면 내가 말하는 의미가 좀더 구체적으로 다가올 것이다.

□ 회사의 설립연도·사무실 규모·직원수를 강조하며 시작하는 프레젠테이션
□ 생산규모나 인프라 등에 대해 장황하게 늘어놓는 일
□ 지루하기 짝이 없는 상품 설명(알 필요도 없고 알고 싶지도 않은 정보)

당신이라면 이런 말에 흥미를 느끼겠는가? 전혀 아닐 것이다. 하지만 우리는 이처럼 쓸 데 없는 말을 귀에 못이 박히도록 듣고 있다. 가슴에 손을 얹고 생각해보라. 당신도 마찬가지다. 밑도 끝도 없이 장황하게 말을 늘어

놓는 것은 상대방을 젤리로 가득 찬 통 안에 빠뜨리는 것과 같다. 옴짝달싹 못하게…….

물론 그런 이야기를 듣고 싶어하는 사람도 있을 것이다. 하지만 대부분은 싫어한다. 그리고 너무나 비효율적이다. 그것은 당신의 시간과 노력과 돈과 열정을 낭비하는 짓이자 상대방의 시간과 노력과 돈을 빼앗는 일이기도 하다.

이런 상황은 더 심각한 문제를 안고 있다. 침을 튀겨가며 끝없이 이어지는 말을 듣고 있노라면 집중포화를 맞고 있는 표적이 된 것만 같다. 실컷 퍼부은 다음 아무렇게나 내팽개치고 마는……. 인격체로서가 아니라 표적으로 취급받는 기분은 어떨까? 자신이 원하는 것을 상대방에게 강요해서는 곤란하다. 그래서야 어떻게 상대방의 마음을 사로잡을 수 있겠는가?

당신이 끈적거리는 젤리라면 사람들은 당신과 함께 하지 않을 것이다. 하물며 당신이 권하는 상품을 사겠는가? 아무리 아이디어가 좋다고 해도 거들떠보지 않을 것이다.

이런 문제점들을 극복할 때 훨씬 더 좋은 성과를 올릴 수 있지 않을까? 상대방이 가장 듣기 원하는 말을 해줄 수 있는 방법만 안다면, 보다 더 강한 영향력을 행사할 수 있다면 상황은 전혀 딴판이 될 것이다. 끈적거리며 달라붙기보다 정확한 이야기를 적확한 방식으로 말해줄 수 있다면 당신은 이전에 경험하지 못한, 훨씬 더 좋은 성과를 누릴 수 있을 것이다.

프레젠테이션이든, 인맥을 쌓기 위한 모임이든, 상품을 팔기 위한 상담이든 상대방에게 자신의 의사를 분명하게 전달할 수 있는 방법을 익혀야 한다. 인터뷰나 회의석상에서 적절하게 말할 수 있다면 당신의 몸값은 저절로 올라간다.

당신이 얻을 이득은 끝이 없다. 사업상이든 개인적으로든 이전과는 비할 수 없는 좋은 관계를 맺게 된다. 사업은 하루가 다르게 성장할 것이다. 더 많은 돈을 버는 것은 당연하다. 부적절한 커뮤니케이션 때문에 생기는 불쾌감과 두려움도 깨끗하게 털어낼 수 있다. 그것은 보다 빠르고 역동적으로 이루어지는 커뮤니케이션이 당신에게 주는 기분 좋은 혜택이다. 성공의 기쁨을 만끽할 수 있으리라. '얻을 게 아무것도 없어'라는 칙칙한 경험은 깨끗이 사라질 것이다. 이런 식으로 꼽을 수 있는 이점은 끝이 없다.

이제, 성공하기 위해 필요한 것은 다음 두 질문에 큰 소리로 "예!" 하고 대답하는 것뿐이다.

1 — 해당 분야에서 탁월한 능력을 발휘하고 있는가?
2 — 그렇다면 당신은 그에 걸맞은 성과를 누리고 있는가?

이 두 가지 질문에 솔직하게 답했다면 당신의 대답은 "예"나 "아니오" 중 하나일 것이다. 이제 대답을 "예"로 바꾸기 위해 당신은 오로지 한 가지 기술만 터득하면 된다.

> 당신의 능력에 어울리는 성과를 거두기 위해 당신이 자신의 것으로 삼아야 할 단 한 가지 기술은 사람들에게 당신이 얼마나 뛰어난지 납득시키고 설득하는 일이다.

당신은 자신의 능력이 무엇인지 다른 사람들에게 확실히 알려주어야 한다. 당신의 능력을 적극 활용해 그들을 도와주어라. 그리고 당신의 사업이 성장하는 것을 지켜보라. 바로 이것이 당신이 배워야 할 점이다. 나는 당신이 필요로 하는 기술을 어떻게 해야 터득할 수 있는지 보여줄 것이다. 핵심은 간단하다.

"설득하는 커뮤니케이션을 하라! 커뮤니케이션은 통해야 한다. 그것도 항상!"

이 책을 다 읽고 덮을 즈음이면 상대방에게 중요한 것만 말하는 방법을 알게 될 것이다. 이제 더 이상 상대방을 지루하고 짜증나게 하지 않을 것이다. 절대로 끈적끈적한 젤리 통에 빠뜨리지 않을 것이다.

시각장애인인 어머니에게 이야기를 들려주면서 내가 깨닫고 배운 것을 당신도 익혀야 한다. 어머니가 내 말에 행복해한 비결은 간단하다. 상대방이 즉각 이해할 수 있도록 말하라. 상대방을 싫증나게 해서는 안 된다. 내가 어머니에게 그렇게 했듯이 당신은 당신의 사업 파트너에게 하라.

1

시작은 쿨하게, 애프터는 뜨겁게

AFTER

지금 무슨 일을 하든, 무엇을 꿈꾸든 당신은 남들보다 앞서가기를 원한다. 특히 당신이 다른 사람들과의 접촉이 많은 경우이거나 인간관계의 중요성을 잘 알고 있다면 더 많은 인적 네트워크를 갖기 원한다. 이럴 경우 성공에 이르는 길은 다음과 같다.

□ 인맥을 쌓기 위한 모임에 참석해 새로운 사람을 많이 만난다. 집에 와 보니 지갑 속에 26장의 새 명함이 있다.

□ 장래 고객이 될 사람을 만나 함께 커피를 마신다. 그는 당신의 능력에 찬사를 아끼지 않으며, 당신의 판매 전략을 칭찬한다.

□ 고객들 중 한 명이 다른 사람에게 당신을 추천한다.

□ 전부 50명을 만나 이야기를 나누었다. 그때마다 설레기는 했지만 대화는 통한다. 사람들이 당신과 만나는 것을 즐거워하는 것 같고, 기분 좋게 웃어준다.

의심할 바 없이 당신도 비슷한 시나리오를 경험했을 것이다. 새로운 사람을 만나고, 판매 전략을 짜며, 추천받을 사람을 찾고, 자신의 사업을 프레젠테이션하는 것, 그것은 일반적인 커뮤니케이션 상황을 구성하는 네 가지 요소다. 누구나 그렇게 한다.

새로운 명함을 많이 모으고, 고객으로부터 칭찬을 받으며, 또 다른 고객을 추천받고, 자신의 사업을 멋지게 알렸다면 그것으로 충분한가? 당신의 커뮤니케이션이 그들과 통했다고 장담할 수 있는가?

얼핏 보면 네 단계는 인상적이다. 하지만 커뮤니케이션의 성공 여부를 가름하는 진정한 척도는 '그 다음'에 어떤 일이 벌어지는가 하는 점이다. 다시 말해 가장 힘써야 할 부분은 바로 '애프터AFTER'다.

명함을 많이 모았다는 것은 대단한 일이다. 하지만 명함이 당신의 사업을 키워주는가? 당신은 이제 막 낯선 사람들과 관계를 텄을 뿐이다. 애프터가 따라주어야만 이 관계는 생산적으로 변모한다.

연신 감탄하는 고객도 마찬가지다. 멋진 출발인 것만은 분명하다. 하지만 판매를 목적으로 한 만남에서 목표는 상대방에게 당신의 상품을 판매하는 것이다. 애프터가 따라주어야만 한다.

당신을 다른 사람에게 추천해줄 수 있는 고객이 있는가? 그런 사람이 있다면 그와 끊임없이 대화를 나누어라. 관리, 즉 애프터를 적절히 해야 당신이 원하는 도움을 실제로 받을 수 있다.

상대방이 당신의 프레젠테이션에 만족하는가? 하지만 이 경우에도 사후관리는 필수적이다. 그래야만 원하는 목표를 이룰 수 있다. 그 회사의 경영진이 당신의 제안을 흔쾌히 받아들여야만 당신이 원하는 성과가 이루어지기 때문이다.

애프터를 통해 당신이 원하는 것을 얻어낼 경우에만 당신의 커뮤니케이션은 만족할 만한 성과를 거두었다고 말할 수 있다. 앞에서 언급한 네 단계에 애프터라는 결정적인 요소가 작용해야만 당신이 원하는 목표, 즉 사업을 크게 키울 수 있는 것이다.

당신의 사업이 성장하는 것, 이는 곧 내가 원하는 것이기도 하다. 든든한 인맥을 쌓고, 더 많은 상품을 판매하며, 당신을 추천할 수 있는 사람을 구하고, 그들에게 프레젠테이션을 하면서 최상의 방법으로 사업을 키워가는 것, 이 책은 그 확실한 밑거름이 되어줄 것이다.

시작은 쿨하게, 애프터는 뜨겁게

애프터가 없으면 커뮤니케이션도 없다

아래에 소개하는 표는 커뮤니케이션을 효과적으로 이끄는 주요 핵심을 정리한 것이다. 내 입장에서 보면 두 번째 세로줄이 가장 흥미를 끈다. 그 것이 내가 비즈니스 커뮤니케이션 분야에서 성공한 비결이며, 이 책을 구성하는 주요 축이기도 하다.

〈성공적인 커뮤니케이션〉

하지만 나의 청중인 당신은 전혀 다른 곳에 초점을 맞추고 있을 것이다. 당신의 궁극적인 관심은 사업의 성장일 테니. 이 책을 읽는 것도 사업을 키우는 데 도움이 되리라 믿기 때문이 아닌가.

이런 시각 차이야말로 커뮤니케이션을 어렵게 하는 결정적인 이유 중 하나다. 말을 하는 사람과 듣는 사람이 서로 전혀 다른 곳에 초점을 맞추고 있다. 강사는 자신의 전문적인 지식을 이야기하는 데 반해 강의를 듣는 이들은 강사가 무슨 말을 하는지 신경 쓰지 않는다. 그들이 관심을 갖는 것은 강연이 끝난 다음(애프터) 자신에게 무슨 일이 생기는가 하는 것뿐이다.

> 청중은 당신이 무슨 말을 하든지 별 관심을 갖지 않는다. 그들이 신경 쓰는 것은 당신이 이야기하고 난 뒤(애프터)의 일이다.

이를테면 엑셀 프로그램 연수 코스 참가자들은 코스가 끝난 다음 그들이 절약할 시간에 관심을 가질 뿐 엑셀 프로그램 그 자체가 아니다. 은행에서 주택자금을 대출받는 것은 그 다음(애프터) 자신이 살 집에 관심이 있어서일 뿐 대출 자체에 구미가 당기는 것은 아니지 않는가.

그런데도 상대방이 애프터에 관심을 가지고 있다는 사실을 아는 사람은 거의 없다. 엑셀 강사는 당연히 참가자들이 엑셀에만 관심이 있다고 믿는다. 사실은 다르다. 은행의 대출 담당자는 대출 자체가 가장 중요한 일이라고 생각한다. 사실은 다르다.

"왜 그런 걸 진작 몰랐을까?"

애프터에 소홀하다고 신랄하게 비판하면 사람들은 그제서야 이렇게 반응한다.

당신도 마찬가지리라. 그 이유는 분명하다. 사람들은 커뮤니케이션이란 의사소통 행위 그 자체라고 믿기 때문이다. 그래서 사람들은 당장 눈앞에 닥친 만남에만 열중한다. 하지만 애프터가 빠진 커뮤니케이션으로는 결코 원하는 목표에 이르지 못한다.

프레젠테이션을 듣는 사람들이 관심을 갖는 것은 오로지 애프터일 뿐이다. 당신의 사업 아이디어를 늘어놓는 것만으로는 청중의 참여를 이끌어낼

시작은 쿨하게, 애프터는 뜨겁게

수 없다. 그들의 마음을 사로잡지 못한다. 당신이 말한 그대로 그들이 행동하기 위해서는 반드시 애프터가 필요하다.

애프터를 염두에 두는 것은 훌륭한 출발이며, 반드시 그래야 한다. 하지만 애프터를 생각하는 것만으로는 충분하지 않다. 이를 위해 먼저 커뮤니케이션 과정에 필요한 중요한 법칙을 알아두어야 한다. 이것은 내가 평생에 걸쳐 개발한 것이기도 하다.

성공하는 커뮤니케이션의 조건, 애프터

앞 못 보는 사람과 나누는 커뮤니케이션 방법은 비즈니스에도 적용할 수 있다. 이유는 간단하다. 고객들은 당신이 보는 것과는 딴판인 세상을 보기 때문이다. 이것은 개인적인 감정에 의존해 하는 말이 아니다. 수년에 걸쳐 나는 여러 가지 상황에서 수많은 사람들과 더불어 이것을 검증하고 확인했으며, 그 결과 나온 진리다.

시각장애인과 고객을 상대로 대화를 나누는 데에는 똑같은 원리가 작용한다. 앞을 환하게 보는 사람들에게도 이 법칙이 적용된다는 것은 새삼 강조할 필요도 없다. 다음 다섯 가지 법칙에 따라 최대한의 성과를 올리고, 끈적거리는 인간관계에서 벗어나야 한다.

1 — 언제나 전체 맥락부터 그려라.
2 — 상대방의 입장에서 생각하라.

애프터의 힘

3 — 일관성이 성공의 열쇠임을 잊지 말라.

4 — 더 자세한 정보는 없을까 고민하라.

5 — 상대방이 요구하는 정보만 제공하라.

어떤 식으로든 이 다섯 가지 법칙은 반드시 들어맞는다. 문제는 사람들이 이것을 자주 잊어버린다는 점이다. 사람들은 다른 사람의 관점에 맞게끔 전체 맥락을 살피지 않는다. 무엇이 전체 맥락인지 자신도 확신하지 못하기 때문이다. 필요한 정보가 더 있는지 물으려 하지도 않는다. 상대방의 입에서 원하는 정보를 이끌어낼 자신이 없기 때문이다.

이 법칙들을 어떻게 실무에 적용할 수 있을까?

당신이 멋진 파워포인트 설명회를 준비했다고 가정해보자. 첫 번째 화면에는 다음과 같은 글이 커다랗게 쓰여 있다.

"우리 회사는 1982년에 창립했습니다."

이런 식의 출발은 법칙을 지킨 것일까?

|제1법칙| 아니다. 이것은 청중 입장에서는 아무런 맥락도 없이 불쑥 튀어나온 말이다. 그들은 당신에게 왜 이런 말을 들어야 하는지 몰라 어리둥절할 뿐이다. 회사 설립연도가 파워포인트 설명회와 무슨 관련이 있는지 그들은 알 수가 없다. 마치 눈 먼 사람에게 "10미터 떨어진 곳에 탁자가 하나 있습니다"라고 말하는 것과 같다. 이런 정보가 전혀 쓸모없는 것은 아니지만, 시각장애인에게 이렇게 말하면 아무 소용이 없다. 방향을 찾는 데 아무런 도움도 되지 않기 때문이다. '언제나 전체 맥락부터 그러라.'

시작은 쿨하게, 애프터는 뜨겁게

|제2법칙| 아니다. 상대방의 가슴 속에 들어가라는 법칙도 완전히 무
시한 말이다. 도대체 고객이 당신 회사의 설립연도부터 신
경 써야 할 이유가 무엇인가? 설령 약간 관심을 갖는다 하더
라도 설립연도부터 듣고 싶어하지는 않을 것이다. '상대방
의 입장에서 생각하라.'

|제3법칙| 이 경우에도 틀렸다. 이 법칙은 핵심 주제를 일관되게 살려
나가면서 보다 세부적인 정보를 주어야 한다는 것을 뜻한
다. '일관성이 성공의 열쇠임을 잊지 말라.'

|제4법칙| 설립연도를 굳이 알고 싶어할 사람이 정말 있을까? 청중이
듣기 원하는 모든 정보를 제공한 뒤에 누군가 설립연도를 묻
는다면 그때 알려주어도 충분하다. 따라서 '더 자세한 정보
는 없을까 고민하라.'

|제5법칙| 설립연도만 놓고 주절댄다면 당신은 청중이 원하는 것이 무
엇인지 전혀 모르는 셈이다. 당신 또는 회사의 나이가 그들
에게 왜 중요한가? 결정적인 것은 해당분야에서 당신의 실
력이 정말 탁월한가 여부가 아닐까. '상대방이 요구하는 정
보만 제공하라.'

이처럼 당신, 그리고 당신의 상품을 팔기 위한 프레젠테이션에서 설립연
도를 들먹이는 것은 다섯 가지 법칙을 모두 위반하는 행위다. 한마디로 전
혀 쓸모없는 짓이다.

그런데도 비즈니스 사회의 실상은 전혀 딴판이다. 설립연도부터 떠벌이
는 것을 흔하게 볼 수 있다. 왜 그런지 정말 알다가도 모를 일이다. 고객은
그런 것에 전혀 관심이 없다. 그들은 오로지 당신이 그들을 도와줄 능력을

애프터의 힘

가지고 있는지 눈으로 판단하고 싶을 뿐이다. 1982년에 회사를 세웠다고 해서 1981년이나 1992년보다 더 낫거나 못하다는 말인가? 전혀 그렇지 않다. 그것은 아무 쓸모도 없는 정보이며, 그것이 당신만이 지닌 차별성을 부각시켜주지도 않는다.

이 장은 매우 귀중한 두 가지 정보를 담고 있다. 애프터가 그 하나이며, 다섯 가지 커뮤니케이션 법칙이 그것이다. 이 책을 다 읽을 무렵이면 애프터는 타고난 천성처럼 당신 몸에 익을 것이다. 하지만 다섯 가지 법칙은 어떻게 기억하는 것이 좋을까? 요즘처럼 머리에 담아둘 것이 많은 때 어떻게 하면 이 법칙들을 정확히 기억할 수 있을까? 그래서 착안한 것이 다음의 방법이다.

A ｜ 언제나Always 전체 맥락부터 그려라.
F ｜ 상대방의 입장Frame of the other person에서 생각하라.
T ｜ 일관성Thoroughness이 성공의 열쇠임을 잊지 말라.
E ｜ 더 자세한 정보Extra Info는 없을까 고민하라.
R ｜ 상대방이 요구하는 정보Required Info만 제공하라.

각 법칙의 핵심 내용을 뜻하는 단어의 첫 글자들만 따서 외우기 쉬운 간단한 한 단어 '애프터AFTER'가 만들어졌다. 이렇게 애프터를 늘 염두에 둔다면 지루하고 따분한 커뮤니케이션으로부터 자유로워질 수 있을 뿐만 아니라 당신의 커뮤니케이션 능력 역시 돋보일 것이다.

30, 31페이지 표는 각 법칙을 보다 상세하게 풀어놓은 것이다. 각 항마다 시각장애인의 관점에서 보는 예를 들었다. 그리고 마지막으로 이 법칙이 왜 중요한지 그 이유를 풀어보았다.

시작은 쿨하게, 애프터는 뜨겁게

〈성과는 높이고 끈적거림은 줄이는 커뮤니케이션 법칙〉

법 칙	내 용
언제나 전체 맥락부터 그려라	먼저 큰 그림으로 설명하라. 나머지 세부 사항은 저절로 따라온다.
상대방의 입장에서 생각하라	상대방의 관점에서 생각해야 한다. 상대방의 가슴 안으로 들어가라.
일관성이 성공의 열쇠임을 잊지 말라	핵심 주제에 집중하면서 보다 자세한 정보를 얻어내야 한다.
더 자세한 정보는 없을까 고민하라	항상 어떤 것이 더 도움이 될지 물어라. 그러면 그들이 필요로 하는 모든 정보를 알 수 있다.
상대방이 요구하는 정보만 제공하라	상대방이 원하는 정보를 충실하게 제공한다. 쓸 데 없는 사족으로 상대방을 짜증나고 지치게 하지 말라.

애프터의 힘

사 례	이 유
"지금 '당신'이 앉아 있는 방은 기다란 사각형입니다. 문으로 가려면 우향우해ㅐ야 합니다. 3미터 정도 우측으로 걸어가면 문이 있습니다. 문과 당신 사이에는 아무 장애물도 없습니다."	먼저 전체 상황을 그려주지 않으면 시각장애인은 자신이 어디에 어떻게 있는지 알지 못한다. 즉 엉뚱한 방향으로 가거나 장애물과 충돌할 위험이 크다.
'내가 그라면 어떤 생각을 할까? 사람들에게 직접 다가갈 수 없으니 누군가 먼저 소개해주기 바라겠지? 그러면 누구와 이야기를 나누고 싶어할까?'	그는 우리가 상상할 수 없는 어려움을 안고 있다. 그의 입장이 되어 충분히 공감을 나누어야 한다.
"복도에는 커다란 사각형 깔개가 깔려 있습니다. 깔개에서 문까지는 약 1미터입니다. 깔개가 밟히거든 문이 가까이 있다는 사실을 잊지 마세요. 문은 이중문이고, 둘 다 잡아당겨야 열립니다."	상대방이 당황하지 않고 편안하게 느끼게 하려면 문을 쉽게 찾을 수 있도록 하고, 생각하지 못한 장애물에 대비하도록 하며, 원하는 곳에 다다랐을 때 문을 쉽게 열 수 있도록 해야 한다.
"그것이 알고자 하는 모든 것입니까? 더 도움이 될 만한 것은 없을까요?"	그가 원하는 모든 정보를 가지고 있다고 생각하지 말라. 당신은 당신 자신이 가진 정보만 생각하기 때문이다. 서로 놓치고 있는 것은 없는지 항상 살펴라.
"벽에 걸린 그림이 어떤 색인지 알고 싶으세요?"	어떤 사람은 눈으로 보듯 자세하게 설명해 부름 것을 좋아한다. 반면에 자존심이 센 사람도 있다. 그래서 그가 원하지 않는 것까지 세세히 말하면 불쾌해 한다. 바로 이것이 원하는 정보만 주어야 하는 이유다.

시작은 쿨하게, 애프터는 뜨겁게

알렉스 퍼거슨은 1986년 맨체스터 유나이티드 감독으로 취임한 뒤 3년이 넘도록 우승컵을 따내지 못했다. 영국의 가장 인기 있는 축구단인 맨체스터 유나이티드에게 그것은 아주 긴 시간이었고, 영국 언론들은 들끓었다. 신문들은 앞 다투어 특집기사로 그가 왜 능력을 발휘하지 못하는지 자세한 분석을 내놓았다.

퍼거슨은 적대적인 신문 기사를 놓고 전임자인 매트 버스비에게 조언을 구했다. 신문을 펼쳐볼 때마다 불쾌한 기사들 때문에 미칠 것만 같았기 때문이다. 퍼거슨은 그 기사들 탓에 괴로워 죽겠다고 하소연했다.

버스비는 뭐라고 했을까?

"그러면 읽지 마."

이보다 더 명쾌한 충고가 있을까? 정말 속이 후련한 말이 아닐 수 없다. 달리 길게 설명할 필요도 없이 핵심을 찌르는 말이다. 가장 좋은 충고는 왜 이처럼 간단한 걸까?

퍼거슨이 불편한 문제를 해결하기 위해 누군가의 조언을 필요로 했듯이 나 역시 오랫동안 나 자신이 명쾌하게 해결할 수 없는 문제로 궁리를 거듭한 적이 있었다. 그리고 마침내 한 사람의 도움을 받아 답을 구했다.

회계사 시험을 준비하는 학생들을 가르치는 동안 나는 종종 다음과 같은 질문을 받았다.

"어쩌면 그렇게 설명을 잘하세요?"

질문에 대한 내 반응은 언제나 이런 식이었다.

"몰라요. 그냥 제 식대로 할 뿐이죠."

그야말로 불만스럽기 짝이 없는 대답이었다. 복잡하기만 한 회계 관련 업무를 어떻게 학생들이 즉각 알아들을 수 있게 설명하는지 내 스스로도 궁금했다. 하지만 나는 내가 어떻게 잘 설명하는지 누구에게도 말할 수가 없었다. 나 자신이 그 이유를 모르기 때문이었다.

그러다가 퍼거슨의 경우처럼 누군가 그 이유를 분명하게 짚어주었다. 돌이켜보니 사정은 아주 간단했다.

나는 어머니에게 회계사 시험에서 전국 수석을 차지한 내 제자 이야기를 들려주었다. 너무나 기쁜 나머지 어머니에게 그동안 그가 얼마나 열심히 공부했는지 설명한 것이다. 그는 정말 나무랄 데 없는 학생이었다.

어머니의 대답은 이랬다.

"내가 네 엄마라서 하는 말이기도 하겠지만, 너도 한 몫 단단히 거들었을 거야. 네가 그만큼 잘 가르쳤기 때문이 아닐까? 너는 정말 설명을 잘하잖니. 나한테 그렇게 잘 하니까 다른 사람들에게도 마찬가지겠지."

그랬다. 갑자기 시야가 탁 트이는 것 같았다. 불쾌하면 신문기사를 보지 않으면 될 것 아니냐는 충고만큼이나 속 시원한 깨우침이었다. 내가 사람들에게 설명을 잘할 수 있었던 것은 오랫동안 어머니에게 이야기하는 훈련을 해온 덕이었다.

애프터와 다섯 가지 법칙은 성공적인 인간관계, 즉 간결하면서도 성공적인 커뮤니케이션을 이루는 바탕이다. 이 법칙은 인맥을 쌓기 위해서든, 상품을 판매하기 위해서든, 더 많은 고객을 얻기 위해서든, 어떤 상황에서도 당신을 도와줄 것이다. 이유는 간단하다. 그것은 세상 사람들과 통하는 방법이기 때문이다.

이 법칙은 상대방이 누구든, 어떤 상황에서도 통한다. 언제라도 활용할 수 있다. 그렇게 내가 성공했듯이 이제 당신이 성공을 맛볼 차례다.

시작은 쿨하게, 애프터는 뜨겁게

2

잘되는 네트워킹, 대어를 잡아라

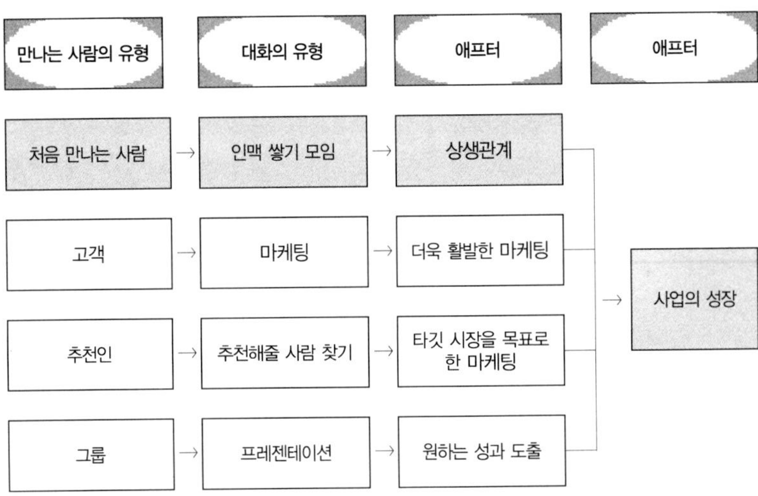

만나는 사람의 유형
대화의 유형
애프터
애프터
처음 만나는 사람
인맥 쌓기 모임
상생관계
고객
마케팅
더욱 활발한 마케팅
추천인
추천해줄 사람 찾기
타깃 시장을 목표로 한 마케팅
그룹
프레젠테이션
원하는 성과 도출
사업의 성장

조지와 메리는 내가 지금껏 만나본 부부들 가운데 최고였다. 둘 다 50대 초반인 이 부부는 20년이 넘게 행복한 결혼생활을 하고 있다. 교외에 사는 그들은 그야말로 소꿉동무 같은 순수한 애정을 가꾸고 있다. 조지는 성실한 정원사이고, 메리는 성가대 일을 하고 있다. 매주 일요일이면 부부는 손을 잡고 교회에 간다.

그런데 최근 조지는 한 가지 근심거리가 생겼다. 은혼 기념일이 다음주로 다가왔는데 아내에게 무엇을 선물해야 좋을지 난감했다. 로맨틱한 것을 선물하고 싶은데 무엇이 좋을지 생각나지 않았다.

그는 무엇인가 실용적인 것을 선물해야 직성이 풀리는 성격이었다. 그가 처한 딜레마를 당신 역시 짐작하고도 남으리라. 케케묵은 지도책을 새 것으로 바꿔줄까? 자동으로 김을 뿜는 다리미를 장만하면 아내가 훨씬 더 편하지 않을까? 부엌에 장바구니 걸이를 만들어주면 어떨까? 조지는 밤잠을 못 이루고 궁리를 거듭했다.

하지만 은혼식이기에 더없이 특별하게 기념하고 싶었다. 그는 마침내 아내가 평생 기억할 보석을 선물하기로 결심했다. 그런데 문제는 그가 보석을 사본 경험이 단 한 번도 없다는 점이었다. 더구나 어디를 가야 보석을 살 수 있는지조차 몰랐다. 하물며 아내가 어떤 보석을 좋아하는지도, 아내에게 어울릴 만한 보석이 무엇인지도 모르고 있었다.

한동안 고민한 끝에 그는 시내 중심가에 있는 백화점을 찾아가기로 했다. 거기는 종류도 많을 뿐만 아니라 적정한 가격에 살 수 있다는 말을 들었던 것이다.

그러나 그곳에 간 조지는 더욱 난감해지고 말았다. 북적대는 사람들 때문에 정신이 없었다. 이 사람이 저 사람 같기만 한 수많은 사람들이 백화점 안을 바삐 오가고 있었다.

주변을 둘러보았지만 그 어떤 보석상도 눈에 띄지 않았다. 어느 쪽으로 가야 할지 알 수도 없었다. 게다가 사람들은 저마다 누군가와 이야기를 나누고 있어서 붙잡고 물어볼 수도 없었다. 사실은 낯선 이들의 대화를 깰 용기가 없었다. 어디로 가야 할지 막막한 그는 멍하니 서 있기만 했다.

마침내 조지는 그가 떠올릴 수 있는 단 한 가지를 실행에 옮겼다. 목적 없이 그냥 떠도는 것이다. 그러다보면 보석상이 눈에 띄겠지. 하지만 보석상은 어디에도 없었다. 난처한 나머지 그는 식은땀을 흘리기 시작했다. 사람들이 모두 다 그만 바라보는 것 같았기 때문이다.

'나 같은 촌뜨기를 보는 게 재미있겠지.'

사실 아무도 그에게 눈길조차 주지 않았음에도.

용기를 내어 10대 소녀에게 다가가 물어보기도 했다. 하지만 아무런 도움도 되지 않았다. 게다가 무엇이 그렇게 못마땅한지 그 소녀의 대답은 쌀쌀하기만 했다. 분통이 터지려는 것을 억지로 참았다. 하지만 달리 말을 걸 만한 상대도 없었다.

그렇게 10여 분을 보내야 했다. 그는 이런 식으로는 아무것도 안 된다고 생각했다.

'이제는 더 이상 못 참겠어. 저기 계산원에게 물어보자.'

서둘러 걸어간 그는 툭 말을 던졌다.

"아내에게 은혼식에 선물할 보석을 찾고 있습니다. 그런데 어디에 보석상이 있는지 모르겠군요."

계산원이 말했다.

"여기에 오신 적이 없으신가요?"

그는 가슴이 무너지는 것 같았다.

'아니, 내가 그렇게 촌뜨기처럼 보이냐?'

이렇게 말하고 싶은 걸 꾹 참았다.

"아, 예, 그게 저, 아뇨……."

계산원은 간신히 웃음을 참는 듯하더니 이렇게 말했다.

"제가 보기에 그런 것 같아서요. 여기는 서점이에요."

왜 이 이야기를 들려주는지 궁금할 것이다. 조지의 일화는 사람들이 네트워킹을 하면서 부딪치는 두 가지 문제를 정확하게 비추어주고 있기 때문이다.

□ 지레 주눅 들어 기를 펴지 못한다.
□ 자신이 있어야 할 올바른 장소를 찾지 못한다.

오늘날 인맥을 넓히기 위한 모임은 곳곳에서 쉽게 볼 수 있다. 당신도 몇 번쯤 참석해보았을 것이다. 그 정도로 모임은 곳곳에서 차고 넘친다. 중요한 것은 그 중에 당신에게 큰 도움을 줄 사람들이 반드시 있다는 점이다.

워낙 많은 모임이 있으므로 다음 사항을 염두에 두어야 한다.

□ 당신에게 어울리는 모임을 찾아가라.
□ 모임에 갔다면 해야 할 일을 하라. 하나라도 배울 것이 있는 사람과
　대화를 나누어라. 그것도 적절한 방식으로, 알맞은 시간 동안, 최선의
　성과를 이끌어내라.

잘되는 네트워킹, 대어를 잡아라

이 장은 인적 네트워크, 즉 인맥을 쌓으면서 사업을 키우는 방법을 보여줄 것이다.

대어를 낚는 기술은 따로 있다

성공이라는 이름의 그물

BNI(Business Network International)는 세계에서 가장 큰 네트워크 마케터 양성기관이다. 얼마 전 나는 BNI 회원들을 대상으로, 어떻게 인적 네트워크를 만들어야 효과적인지 강의한 적이 있다. 그들은 이미 상당한 수준을 자랑하는 네트워크 전문가들이 아닌가. 중압감이 여간 큰 것이 아니었다. 그만큼 첫 인상에서 그들을 압도해야 했다.

네트워킹을 정의하는 것으로부터 강의를 시작한 나는 그들에게 무엇인가 생각할 거리를 주는 것이 좋을 것 같아 아이디어를 냈다. 그래서 이렇게 말했다.

"물고기들이 가득한 그물을 끌어올리는 어선을 떠올려보세요. 이제 막 수면을 가르고 나오는 그물에는 세 종류가 있습니다. 대어(大魚)가 있는가 하면, 잔챙이가 있고, 몇 개의 낡은 장화가 따라 올라옵니다. 장화는 누군가 바다에 빠뜨린 게 분명해 보입니다. 여러분은 물이 그물 밑에서 바다로 떨어져 내릴 거라고 생각하실 겁니다. 그러나 놀랍게도 그건 바닷물이 아니라 커피입니다. 더욱 놀라운 것은 커피가 수직으로 떨어져 내리는 게 아니라, 옆으로 비스듬히 흐르면서 커다란 커피잔에 모인다는 점입니다. 요약하면 커다란 그물은 대어와 잔챙이들 그리고 장화로 가득합니다. 그물에서는 커피가 커피잔 안으로 흘러내리고 있습니다."

이 말을 듣고 당신은 어리둥절해 할 것이다. BNI 회원들도 그랬다. 이것이 무슨 말인지 설명해보자.

효과적인 네트워킹에는 두 가지 기술이 있다. '공간에서의 작업' 과 '다음을 기약하라' 가 그것이다.

공간에서의 작업

당신은 지금 그물 한가운데 있다고 생각해보라. 사방에 대어(절로 침을 삼킬 정도로 맛있는)와 잔챙이(영양분이 없는 것은 아니지만 있어도 많지 않은)와 장화(아무 쓸모없는)로 둘러싸여 있다.

인맥을 쌓기 위한 모임(네트워크)에서도 사정은 마찬가지다. 당신은 당신에게 아주 유용한 사람(대어)과 약간 쓸모 있는 사람(잔챙이), 아무 쓸모없는 헛것(장화)에 둘러싸여 있다. 당신은 이곳저곳을 누비며 가능한 한 많은 대어를 만나 좋은 인상을 심어주어야 한다.

다음을 기약하라

사람들은 모임에서 상품을 사고파는 것을 좋아하지 않는다. 당신도 처음부터 상품을 팔려고 덤벼들지 않을 것이다. 만약 당신이 그런 생각을 가지고 있다면 모임 중간의 쉬는 시간을 이용해 원하는 사람에게, 정확한 타이밍을 잡아, 그곳에 있는 다른 사람들이 눈치 채지 못하게 팔아야 한다. 그럴 수 있는 가능성은 얼마나 될까? 거의 없다고 봐도 무방하다.

당신도 모임에서부터 거래가 이루어지는 것을 바라지 않기 때문에 가장

잘되는 네트워킹, 대어를 잡아라

좋은 방법은 다음을 기약하는 것이다. 다음에 만나 커피라도 마시자고 제안하라. 서로 더 잘 알 수 있는 기회를 갖자는데 마다할 사람은 없다.

네트워크 모임에 참석한 궁극적인 목표는 당장 그물로 무엇인가 성과를 올리는 것이 아니다. 그 대신 대어와 만나 커피 한 잔 마실 약속을 잡는 것이다. 그것도 될 수 있는 한 빠른 시일 내에.

이 점을 유의하면 네트워킹은 한결 쉬워진다. 상품을 파는 것이 아닌, 이후에 만날 약속을 잡는 것이 유일한 목표라고 생각한다면 그만큼 중압감이 덜해진다. 한결 홀가분하게 대할 수 있다. 목표를 이루기가 무척 쉬워진다.

이 장은 대어, 즉 당신에게 아주 유용한 사람과 어떻게 다음에 만날 약속을 잡는지 그 기술을 보여줄 것이다. 어떻게 대화에 끼어들고 빠져나오는지, 어떤 그룹에는 접근해도 좋고 어떤 그룹은 내버려두는 것이 좋은지 배우게 될 것이다. 자신을 어떻게 소개해야 대화를 나누고 싶은 마음을 갖게 할 수 있을까? 어떤 질문을 해야 당신과 대화를 나누는 것이 즐겁다는 느낌을 가질까? 이런 실용적인 기술을 깨달을 것이다.

대어가 있는 곳에 그물을 던져라

잠재적인 고객부터 찾아라

당신은 인맥을 형성하기 위한 모임에 참석했다. 그곳에서 당신이 만나야 할 이상적인 대어를 찾기 위해 가장 먼저 해야 할 것은 누가 당신의 잠재적인 고객인지 가려내는 것이다. 이것을 알 수 있어야 올바른 접근이 가능하다.

애프터의 힘

조지 오웰의 소설 《동물농장》에는 다음과 같은 유명한 말이 나온다.

"모든 동물은 평등하다. 하지만 어떤 동물은 다른 동물보다 훨씬 더 평등하다."

이 말은 고객에게도 그대로 들어맞는다.

"모든 고객은 평등하다. 하지만 어떤 고객은 다른 고객보다 훨씬 더 평등하다."

당신에게 다른 사람보다 훨씬 더 많은 것을 줄 고객은 분명히 있다. 수입면뿐만 아니라, 함께 함으로써 즐거움과 기쁨을 주는 경우까지 포함해서. 바로 이런 사람이 당신의 대어다. 네트워크를 위한 모임에서 당신은 이런 대어를 낚아야 한다.

헬스 트레이너인 그레그와 그의 아내 샬럿은 나와 절친한 사이다. 그들은 내가 체중을 줄이는 데 많은 도움을 주었다. 당시 나는 다이어트가 세 번째 시도일 정도로 뚱뚱했다.

그들이 다이어트 강사로 훌륭한 실력을 발휘할 수 있었던 것은 그들의 과거 경력 덕분이었다. 해병대 출신인 그레그는 군에서 위생병이었으며, 샬럿은 프로댄서로 활약하면서 스포츠 마사지를 배웠다.

체중을 줄일 수 있게 해준 데 너무나 고마워 나는 그 부부에게 더 많은 고객을 끌어모을 수 있도록 도와주겠다고 말했다. 먼저 그들이 원하는 고객 유형이 무엇인지 물었다. 그들은 입을 모아 "25세에서 35세 사이로, 전문직종에 종사하며, 교외에 거주하는 자"라고 말했다.

나는 그들이 왜 그런 말을 하는지 충분히 이해할 수 있었다. 어쨌거나 부부는 그들이 원하는 전형적인 고객을 묘사한 것이다. 하지만 내 생각은 달랐다.

"일주일에 두세 번 정도 계속 트레이닝을 받으면서 친구들에게 소개해

잘되는 네트워킹, 대어를 잡아라

줄 고객이 낫지 않을까요?"

나는 이렇게 물었다.

부부는 흔쾌히 동의했다. 내 말 한 마디로 마음이 완전히 바뀐 것이다. 이는 곧 사업의 초점을 달리 맞추게 되었음을 뜻한다. 이상적인 고객은 누구인지 분명하게 정리하고, 그들을 찾아내는 데 집중하면 사업은 폭발적으로 성장한다.

당신의 경우는 어떤가? 당신의 이상적인 고객을 찾아내기 위해 현재 당신의 고객 명단을 펼쳐들고 다음 사항에 주목하라.

□ 누가 당신에게 가장 많은 돈을 지불하는가?
□ 누구와 함께 하면 즐거운가?
□ 누가 당신에게 가장 큰 성공을 가져다주는가?

바로 이들이 당신에게 커다란 보상을 안겨줄 고객들이다. 커뮤니케이션 컨설팅을 하는 내 경우를 예로 들어 살펴보자.

□ 내게 가장 많은 돈을 지불하는 고객 ─ 은행(특히 마케팅 부서와 접촉하라)·IT업체(마케팅팀)
□ 함께 일하면 아주 즐거운 고객 ─ 자선단체를 도와 함께 일했다. 물론 금전적인 이득은 없었지만 이보다 더 보람 있는 일은 없다.
□ 함께 일하며 가장 큰 성공을 거둔 경우 ─ 한 회계사무소에 영업 컨설팅을 해주었더니, 내 충고를 충실히 지켜 엄청나게 많은 계약을 따냈다. 옛 모습을 찾아볼 수 없을 정도로 획기적인 성장을 이룬 것은 물론이다.

애프터의 힘

이처럼 내가 네트워크 모임에서 만나기를 갈망해야 할 대어는 바로 이런 사람이다.

□ 은행, 특히 마케팅 부서의 임원
□ IT업체의 영업담당 이사
□ 자선단체의 임원
□ 지역의 대표적인 회계사무소 직원

이 중에서 은행, IT업체의 영업담당 이사, 자선단체의 임원은 따로 설명할 필요가 없을 것이다. 그런데 네 번째는 이상하지 않은가? 왜 지역의 대표적인 회계사무소일까? 오히려 작은 회계사무소 여러 곳을 상대하는 게 낫지 않을까?

하지만 소규모 회계사무소는 나와 단 하루 정도 일할 뿐이다. 다시 말해 오래 함께 일할 전망이 그다지 밝지 않다. 오랜 기간을 두고 내게 도움이 되는 고객이 아니다. 대어가 아니다. 이에 반해 지역의 대표적인 회계사무소를 상대로 컨설팅을 하면 누구든 나를 다른 사무소에 소개하게 마련이다. 말하자면 엄청난 양의 계약을 따낼 수 있다. 이런 점에서 제법 규모를 갖춘 회사가 대어라 할 수 있다. 반면 소규모 회사는 말 그대로 잔챙이에 지나지 않는다.

이 명단에서 내게 추천해줄 만한 대상을 알고 있는 사람이 진정한 대어다(이에 대해서는 4장 '보이지 않는 손, 추천의 법칙'에서 자세하게 살펴볼 것이다). 예를 들어 내가 거래하는 은행의 지점장이 본점의 마케팅 이사를 잘 알고 있다면 지점장은 마땅히 대어 명단에 올려야 한다. 그는 나를 추천해줄 충분한 힘을 가지고 있기 때문이다.

잘되는 네트워킹, 대어를 잡아라

이렇게 해서 컨설팅을 하는 내가 찾아야 할 대어는 다음과 같다.

□ 은행 ― 은행의 마케팅 담당 중역, 혹은 그런 중역을 알고 있는 사람
□ IT업체 ― 영업 담당 이사, 혹은 그런 이사를 알고 있는 사람
□ 자선단체 ― 결정권을 가진 단체장, 혹은 단체장을 알고 있는 사람
□ 지역의 대표적인 회계사무소 ― 결정권자, 혹은 그를 알고 있는 사람

우리 인생의 신비로운 법칙 하나를 일고 있는가? 우연히라도 만나고 싶은 사람이 누구인지 정확히 알고 있다면 우리는 반드시 그 사람을 만나게 되어 있다. 그것이 정말 가능할까?

첫째, 인생은 바로 당신이 원하는 것을 준다. 오늘 하루가 따분할 것이라고 생각하면 정말 그렇게 된다. 반대의 경우도 마찬가지다. 사람과 관련해서도 똑같다. 어떤 특정한 사람을 만나기 바란다면 반드시 만나게 되기 마련이다.

둘째, "연습 강도를 높일수록 그만큼 더 행운이 잘 따라붙는다." 세계적인 골프선수인 게리 플레이어의 말처럼, 대어를 찾는 훈련을 열심히 하면 할수록 실제로 그를 만나는 행운을 누릴 수 있다. 내 장인이자 수학자인 로버트는 행운에 관해 이렇게 말했다. "말로만 이루어지는 행운이란 없다. 행운은 단지 고된 연습과 가능성의 결합이다." 다시 말해 대어를 찾으려는 연습을 열심히 할수록 실제로 대어를 만날 가능성은 높아진다.

셋째, 당신이 관심이라는 네트워크를 작동시켰기 때문이다. 우리의 뇌구조는 필터와 같아서, 지금 당신이 관심을 가지고 있는 것만 골라 보게 마련이다. 좋은 쪽으로든 나쁜 쪽으로든. 누구든 한 번쯤 이런 경험을 했을 것이다. 새 차를 구입했다고 하자. 주차장에서 차를 끌고 나오는 순간 같은

차종이 여러 대나 눈에 띈다. 바로 당신의 차이기에 의식적으로 주의를 기울여 보았고, 그 때문에 이런 현상이 생긴 것이다. 대어도 마찬가지다. 누가 당신에게 중요한 사람인지 확실하게 의식하는 순간 당신은 대어를 많이 발견할 수 있다.

이것은 그 어떤 경우에도 확인할 수 있다. 지금 당장 한 가지 실험을 해보자. 책을 덮고 주위를 몇 초 동안 둘러보라. 이어 눈을 감고, 당신 주변에 멋진 것들이 얼마나 많이 있는지 마음속으로 헤아려본다. 그런 다음 눈을 뜨지 말고, 너절한 것들이 얼마나 많이 있었는지 생각해보라. 짐작하건대 너절한 것보다 멋진 것이 더 많지 않을까? 반대로 몇 초 동안 너절한 것들을 주목한 후 눈을 감고 주위에 멋진 게 어떤 것이 있었는지 생각해보라. 정반대의 결과가 나올 것이다.

이렇듯 뇌는 우리가 어떤 것에 초점을 맞추는가에 따라 대상을 달리 보게 마련이다. 대어도 마찬가지다. 은행 중역, IT업체 이사, 자선단체장, 회계사 등에 초점을 맞추면 그만큼 그들을 발견하기가 쉬워진다.

잠재적인 공급자는 누구인가?

사업을 벌이는 데 좋은 공급자는 훌륭한 고객 못지않게 중요하다. 좋은 공급자가 있을 때 고객에게 만족을 줄 수 있기 때문이다.

내가 사업을 시작했을 무렵 필요한 것들은 많기만 했다. 웹사이트가 필요했고, 좋은 브랜드를 짜내야 했으며, 재원을 마련하느라 동분서주했다. 또 필요한 문구류가 어찌나 그렇게 많던지……. 각 분야의 좋은 공급자를 만날 수만 있다면 얼마나 큰 도움이 될까? 이것은 인적 네트워크를 쌓아나가는 데에도 마찬가지다.

잘되는 네트워킹, 대어를 잡아라

내 두뇌에 저장된 네트워크가 온 힘을 다해 가동하기 시작했다. 먼저 나는 한 IT회사의 경영자를 만났다. 그의 진면목을 한눈에 확인한 나는 그의 회사가 내게 많은 도움을 줄 것이라고 확신했다. 아니나 다를까, 그 회사는 내가 필요한 것을 말끔하게 처리해주었다.

사업을 할 때 좋은 공급자야말로 대어가 아닐 수 없다. 고객의 만족도는 공급자의 손에 달려 있다고 해도 과언이 아니기 때문이다.

당신의 주요 고객이 볼품없는 팸플릿 때문에 속상해 하는 경우를 상상해보라. 그러면 당신은 그에게 솜씨가 뛰어난 그래픽 디자이너를 소개해주어야 한다. 고객과 그래픽 디자이너를 연결해주는 고리 역할을 하는 것이다. 디자이너가 멋진 솜씨로 팸플릿을 디자인해준다면 고객이 얼마나 기뻐하겠는가. 그러면 당신도 기분이 좋지 않겠는가. 당신을 보는 고객의 시각이 달라질 것은 틀림없다.

훌륭한 고객 서비스란 이런 것이다. 물론 이렇게 다리를 놓아주었다고 해서 당신이 금전적인 이득을 얻는 것은 아니다. 고객은 디자이너에게 지불할 뿐 당신에게 돈을 주는 것은 아니기 때문이다. 하지만 이렇게 관계를 맺어줌으로써 당신이 누리는 혜택은 커진다. 양쪽 모두와 더욱 높은 신뢰를 쌓을 수 있으며, 이는 앞으로 더 많은 비즈니스를 성공적으로 이끌 수 있는 바탕이 된다. 네트워크 구축이라는 쉽지 않은 목표가 이미 알고 있던 디자이너 한 명을 소개시켜준 것으로써 해결된 것이다.

고객은 항상 그들의 문제를 해결해줄 인재를 찾고 있다고 나는 굳게 믿는다. 그리고 그들이 해결하고자 하는 문제는 너무나 많다. 그 가운데에는 당신이 감당할 수 있는 것도 적지 않다. 이럴 때 당신이 적임자를 찾아 소개해준다면 당신에 대한 고객의 신뢰는 자연스럽게 커진다. 더욱 많은 문제를 해결할 수 있도록 도와줄 때 그만큼 당신은 뛰어난 능력을 지닌 사람

애프터의 힘

으로 인정받는다.

다만 조심해야 할 점이 있다. 고객과의 좋은 관계는 전부라고 해도 과언이 아니다. 탁월한 솜씨를 지닌 디자이너를 소개해줌으로써 고객과의 관계가 튼튼해질 수 있다면 그 반대 상황도 염두에 두어야 한다. 별 볼 일 없는 디자이너를 소개할 경우 관계는 회복할 수 없는 지경에 이를 수 있다. 다시 말해 소개해주는 사람의 솜씨를 당신이 확신할 수 있어야만 한다. 조금이라도 미심쩍은 부분이 있다면 고객에게 솔직하게 말하는 것이 좋다.

"최근 한 모임에서 그래픽 디자이너를 알게 되었죠. 그가 얼마나 뛰어난지는 자세하게 알지는 못합니다만, 마침 디자이너를 찾고 계신다니 연락이라도 해볼까요?"

다시 대어의 명단으로 되돌아가자. 회사의 재무 문제를 상담해줄 사람도 반드시 필요하다. 재무 관리도 전문성을 요구하는 복잡한 문제이니. 회사 소개 팸플릿을 깔끔하게 처리해줄 디자이너와 함께 재무 전문가도 명단에 추가하자.

□ 은행 — 마케팅 중역, 혹은 그와 같은 인물을 아는 사람

□ IT업체 — 영업 담당 이사, 혹은 그와 같은 인물을 아는 사람

□ 자선단체 — 결정권을 가진 인사, 혹은 그와 같은 인물을 아는 사람

□ 회계사무소 — 결정권을 가진 중역, 혹은 그와 같은 인물을 아는 사람

□ 재무 전문가 — 혹은 재무 관리에 정통한 인물을 아는 사람(나를 위해)

□ 그래픽 디자이너 — 혹은 뛰어난 디자이너를 아는 사람(고객을 위해)

이런 식으로 유력한 사람들을 망라한 명단이어야 한다. 물론 각종 모임에서 그만한 가치를 지닌 사람들을 만나 이 명단에 추가해야 한다.

잘되는 네트워킹, 대어를 잡아라

나를 키워줄 잠재적인 추천인

당신을 다른 이에게 추천해줄 수 있는 고객이야말로 사업상 가장 가치 있는 사람임에 틀림없다. 그는 당신의 사업에 막대한 이익을 가져다줄 것이다. 한 달에 한 사람 이상 새로운 고객을 당신에게 추천해줄 수 있는 사람을 알고 있다고 생각해보라. 그 소중함이야 이루 말할 수 없을 것이다. 한 가지 거래 관계만을 유지하는 고객과는 비교할 수도 없으리라. 매달 당신의 사업을 키워주는 사람, 그는 황금 광산이 아닐 수 없다.

이에 대해서는 4장을 보라. 사람들과 접촉하는 가운데 어떻게 해야 더 많이 추천받을 수 있을지 자세히 설명하고 있다. 여기서는 간단하게나마 언급해보자.

우선 자신에게 이렇게 물어보자.

"내가 가진 대어 리스트를 늘려줄 사람은 누구인가?"

명성 높은 변호사라면 여러 금융인을 알고 있을 것이다. 따라서 변호사가 내 잠재적인 고객은 아닐지라도 그와 좋은 관계는 필수적이다. 내게 많은 고객을 몰아줄 수 있기 때문이다.

그러면 잠재적인 추천인을 대어 명단에 올려보자.

□ 은행 ─ 마케팅 중역, 혹은 그와 같은 인물을 아는 사람

□ IT업체 ─ 영업 담당 이사, 혹은 그와 같은 인물을 아는 사람

□ 자선단체 ─ 결정권을 가진 인사, 혹은 그와 같은 인물을 아는 사람

□ 회계사무소 ─ 결정권을 가진 중역, 혹은 그와 같은 인물을 아는 사람

□ 재무 전문가 ─ 혹은 재무 관리에 정통한 인물을 아는 사람(나를 위해)

□ 그래픽 디자이너 ─ 혹은 뛰어난 디자이너를 아는 사람(고객을 위해)

□ 변호사(내게 금융계 인사들을 소개시켜줌)

□ 통신회사 임원(나를 IT업체 중역에게 소개시켜줌)

□ 고객 서비스 담당 중역(나를 자선단체에 소개시켜줌)

□ 여타 전문직 종사자들(나를 회계사무소에 소개시켜줌)

□ 유명 작가들(나를 재무 전문가에게 소개시켜줌)

□ 마케팅 회사(내게 그래픽 디자이너를 소개시켜줌)

명단에는 이제 전부 12개의 전문직종이 망라되었다. 이들 중 적어도 한 사람을 어떤 모임에서든 만날 가능성은 얼마나 될까? 거의 100퍼센트라고 해도 과언이 아니다. 장담하지만 그렇지 않은 것이 오히려 이상할 것이다.

한 모임에 비중이 거의 같아 보이는 두 명의 사업가가 참석했다. 한 사람은 추천인 명단을 가지고 있고 다른 한 사람은 그렇지 않다. 누가 더 유리할까? 대답은 자명하다. 이렇듯 인적 네트워크를 쌓아나가는 데 당신이 원하는 사람의 프로필을 정리해두는 것은 매우 중요하다.

핵심 정리

계속 더 읽기 전에 분명히 해두고 넘어가자.

"지금 당장 당신만의 대어 리스트를 만들어라!"

참석자 명단은 갖고 있는가?

어떤 모임이든 미리 참가자 명단을 입수해 볼 수 있다. 과연 어떤 대어들이 참석하는지 확인해보라.

그날 저녁 당신이 연출해야 할 모습을 충분히 준비할 수 있을 것이다. 물론 전혀 예상하지 못한 대어를 만날 수도 있다. 하지만 미리 마음의 준비를 한 상태라면 훨씬 더 여유롭게 접근할 수 있다.

나는 모임을 준비하는 아버지를 볼 때마다 놀란다. 시의회 의장으로 활동한 아버지는 수없이 많은 모임과 만찬에 초대되었다. 그럴 때마다 아버지는 모임 전날 밤에 참석자 명단을 세심하게 살펴보고, 만나기 원하는 사람들과 어떻게 대화를 끌고 갈지 궁리했다.

> 인적 네트워크를 쌓는 것은 분명히 어렵다. 하지만 누구를 만나 어떤 이야기를 나누어야 할지 모른다면 더욱 어렵다.

모임에서 나를 돋보이게 하려면

사람을 끌어당기는 기술

사람들은 종종 네트워크 모임이란 의뭉스러운 만남일 것이라고 생각하기 쉽다. 어눌한 척하면서도 계산을 철저히 한다는 뜻에서일 것이다. 하지만 정확히 말해 그런 모임일수록 시간과 공을 들여야 원하는 목표를 이룰 수 있다.

당신은 성공을 이루기 위해 반드시 필요한 핵심 기법 두 가지를 이미 알고 있을 것이다. 이 두 가지를 충분히 활용해 얼굴을 맞대고 이야기를 나눌 대어를 찾아낸다면 인적 네트워크, 즉 인맥을 쌓는 일은 한결 홀가분해질 것이다. 내가 당신을 실제로 잘 알지 못하면서도 이렇게 자신할 수 있는 두 가지 기법이란 이것이다.

□ 좋은 매너를 자랑하라.

□ 대화를 이끌 말솜씨를 키워라.

왜 이것이 성공을 위해 없어서는 안 되는가?

좋은 매너를 자랑하라

어느 경우에서도 그렇지만, 모임에서는 좋은 매너를 보여주어야 한다. 빛나는 매너를 자랑할 수 있도록 항상 유념하라. 좋은 매너를 가진 사람은 이렇게 행동한다.

□ 사람들이 자신에 관한 이야기하기 전에 묻지 않는다.

□ 사람들이 대화를 나누는 데 불쑥 끼어들지 않는다.

□ 이야기 나누는 상대방의 어깨 너머를 흘깃거리지 않는다. 좀더 흥미
　로운 대화 상대를 찾고 있는 듯한 인상을 줄 수 있다.

□ 상대방의 이야기를 귀 기울여 들어준다.

□ 첫 만남에서부터 사업에 관한 공격적인 상담을 하지 않는다.

□ 청하지도 않은 제삼자 이야기를 질질 끌지 않는다.

□ 다른 사람에 관한 이야기라도 자세한 것은 요청받기까지 기다렸다가
　하라.

당신은 혹시 위에서 다룬 것과 정반대의 대접을 받은 경험이 있는가? 내가 잊지 못할 경험은 2004년에 있었던 일이다. 나는 지금도 어제 일처럼 생생하게 기억하고 있다.

내가 경험한 최악의 마케팅

당시 내 체중은 130킬로그램에 달했다. 지금이야 체중을 많이 뺐지만 당시에는 정말 뚱뚱했다.

나는 리버풀에서 열린 한 이벤트를 주관하고 있었다. 주최자로서 나는 마음만 먹으면 내 사업을 그 자리에 모인 사람들 모두에게 자세하게 설명할 수 있었다.

하지만 나는 그러지 않기로 했다. 그 대신 참석자들이 어떻게 해야 사업을 성공적으로 이끌 수 있을지 함께 생각해보고, 여러 가지 충고를 아끼지 않기로 했다. 참석자들이 노골적으로 자신의 상품을 파는 대신 보다 생산적인 관계를 맺을 수 있었으면 하는 것이 내 바람이라는 말도 했다.

내 말이 끝나자 얼굴 가득 미소를 머금은 신사 한 분이 다가왔다. 좋은 말씀 고맙다며 이렇게 말했다.

"보통 이런 모임을 오면 주최 측이 자기네 사업 홍보에 열을 올리는 게 보기 싫었는데 선생은 전혀 그렇지 않군요. 정말 많이 배웠습니다."

한동안 대화를 나눈 끝에 그가 불쑥 이런 말을 했다.

"하나 같이 주옥같은 말씀이군요. 이렇게 이야기를 나눌 수 있게 되어 즐겁습니다. 그런데 기분 나쁘게 듣지는 마시고, 정말 뚱뚱하군요."

나는 턱이 땅으로 떨어져 내릴 정도로 놀라고 말았다. 사람들이 놀랐을 때 흔히 그러듯이 더듬거리며 물었다.

"예? 뭐, 뭐라고 하셨지요?"

그가 같은 말을 되풀이했다. 그것도 또박또박. '뚱뚱하다'를 강조하면서. 나는 아무 말도 할 수 없었다. 이럴 때 도대체 무슨 말을 하겠는가.

그는 계속 말했다.

"뚱뚱한 탓에 허리에 부담이 많을 겁니다. 저, 다름이 아니라 제가 복대를 팔고 있거든요."

정말 실제로 있었던 일이다. 내가 비싼 돈을 들여 마련한 자리에서, 역시 내 돈으로 마련한 음식을 먹으면서, 이 뻔뻔한 사내는, 상품을 판매하지 말아 달라는 내 청까지 묵살한 채, 다른 누구도 아닌 내게 다가와, 내가 뚱뚱하기 때문에 자기 제품을 사달라는 무례함을 뽐낸 것이다.

두 말할 필요도 없이 그는 복대를 팔지 못했다. 지금이니까 웃으며 하는 말이지만, 그런 매너를 가진 사람과 누가 거래하겠는가. 좋은 매너는 인맥을 쌓는 데 반드시 필요하다. 이미 좋은 매너를 갖추고 있다고 하더라도 항상 더욱 훌륭하게 가다듬으려는 노력을 아껴서는 안 된다.

대화를 이끌 말솜씨를 키워라

우리는 살면서 평생 말하는 연습을 한다. 대화가 인간관계의 시작이자 중간이며 끝이라고 여긴다면 당신은 다른 사람과 대화를 나누는 데 이미 상당한 경지에 올라가 있다.

대화의 시작과 끝에는 우리가 지켜야 할 확실한 선이 있다. 하지만 대화의 대부분을 차지하는 것은 중간 과정이다. 당신이 대화를 이끌어가고 있다면 당신은 이미 성공의 문턱에 들어선 셈이다.

당신은 이미 인맥을 쌓는 데 필요한 두 가지 핵심 기술을 터득하고 있다. 그것은 다름아닌 '좋은 매너'와 '대화를 이끌고 나가는 능력'이다. 이제 알아야 할 것은 이 두 가지 기술을 어떻게 새로운 상황에 맞게 활용하는가 하는 점이다.

잘되는 네트워킹, 대어를 잡아라

모임을 적극 활용하라

나는 시력이 몹시 약해서 운전을 할 수 없다. 하지만 내가 알기로 운전을 하는 행위 하나하나는 그다지 어려울 것이 없다. 핸들을 돌리거나 기어를 바꾸는 것쯤이야 간단한 일이 아닌가. 그러나 이 모든 행위를 동시에 한다는 것은 결코 쉬운 일이 아니다.

한동안 운전 연습을 하고 그것이 몸에 익숙해진 다음에는 모든 조작이 자동적으로 이루어진다. 몸에 익으면 전방을 주시하고 백미러를 살피며 핸들을 다루고 기어를 넣는 것이 마치 타고난 본성처럼 저절로 이루어지기 때문이다.

이런 점에서 볼 때 인적 네트워크를 쌓는 것은 운전을 하는 것과 같다. 사람들을 만나고, 그들과 인사를 나누며, 대화를 나누는 과정 하나하나는 저마다 고유한 특성을 가지고 있다. 문제는 이 모든 것이 함께 조화를 이루기 위해서는 연습이 필요하다는 점이다.

인적 네트워크를 쌓기 위해 모임에 참석했다면, 그곳에서 최대의 성과를 이끌어내기 위해 세 단계를 거쳐야 한다.

□ 모임 전
□ 모임이 이루어지는 동안
□ 모임이 끝나고 난 뒤

사람들은 대부분 두 번째 단계, 즉 모임이 이루어지는 동안이 가장 중요하다고 생각한다. 그러나 사실은 그렇지 않다. 세 단계 모두 소홀히 해서는 안 된다.

애프터의 힘

모임이 이루어지는 동안은 별로 중요하지 않다는 주장도 있다. 그도 그럴 것이 누가 참석하는지를 비롯해 모임을 위한 준비가 되어 있지 않거나, 모임이 끝나고 나서 어떻게 행동해야 할지 모른다면 네트워크는 이루어지지 않기 때문이다.

준비는 철저할수록 좋다

이것만은 미리 챙겨두자

우선 손쉬운 것부터 준비한다. 반드시 모임에 지니고 가야 할 것들은 다음과 같다.

□ 명함
□ 필기구

명함이 없다면 어느 누가 당신을 기억하겠는가? 연락하고 싶어도 할 수가 없다. 필기구가 없다면 메모를 할 수 없다. 이 장 전체를 읽으며 알게 되겠지만, 모임이 이루어지는 동안 적어둘 것은 무수히 많다.

또 가져가야 좋을 것으로는 당신의 이름을 적은 명찰이다. 알아보기 쉽게 이름표를 달면 그만큼 사람들이 가까이 다가오기가 쉬워진다. 서로 낯이 선 경우라도 말을 걸기가 부담스럽지 않다. 이전에 한두 번 만난 적이 있는데, 얼굴은 알겠지만 이름을 기억할 수 없는 경우라면 당신의 명찰이 얼마나 반갑겠는가.

□ 이름을 큼직하게 써서 알아보기 쉽게 한다.

□ 별명까지 알리고 싶다면 첨가해도 좋다. 하지만 그다지 중요한 것은 아니다.

□ 명함을 옷깃에 달아두는 것은 좋지 않다. 이름을 알아보기가 쉽지 않기 때문이다. 따로 명찰을 만들어두는 것이 좋다.

□ 이름 아래에 당신의 회사나 직업을 써두는 것도 좋은 방법이다. 그러면 당신이 원하는 대어가 당신을 쉽게 알아볼 수 있다.

□ 명찰은 될 수 있는 한 높이 달아라. 사람들이 한눈에 알아볼 수 있게. 혹 명찰을 허리에 달아두어 사람들이 당신 배꼽 근처를 봐야 한다면 차라리 눈길을 돌리지 않을까.

□ 명찰은 항상 오른쪽에 달아라. 사람들은 악수를 할 때 오른손을 쓰기 마련이다. 오른손이 자연스럽게 뻗어나가기 때문에 명찰을 쉽게 알아볼 수 있다.

지니지 말아야 할 것들

한번은 은행에서 개최하는 네트워크 모임에 참석해 사람들에게 이렇게 물은 적이 있었다.

"모임에 가지고 와서는 안 될 것에는 어떤 게 있을까요?"

아마도 내 질문이 충분하지 못했던 모양이다. 머리를 긁적이던 사람들은 저마다 엉뚱한 대답을 쏟아냈다. 말·칼·설탕·봉지·텐트 하는 식으로 익살을 부리려 했으니.

다들 말은 그렇게 하면서도 난처함을 숨기지 못하는 표정들이었다. 당신도 그런 기분을 알고 있으리라. 문제는 내가 질문을 분명하게 하지 못한 탓이다.

내가 강조하고 싶었던 것은, 그리고 지금 강조하는 것은, 회사의 마케팅 문건을 모임에 들고 가지 말라는 것이다.

'아니, 왜 그런 중요한 것을?'

의아하게 생각할 것이다. 하지만 그 이유는 분명하다.

□ 당신의 유일한 목표는 나중에 대어와 함께 커피를 마시며 이야기를 나눌 자리를 만드는 것이다. 모임에서 회사의 광고 자료를 늘어놓아 봐야 소용없다.
□ 앞에서도 지적했듯이 모임에서는 상품을 판매하지 말라. 모임에서 중요한 것은 당신에게 쓸모 있는 대어를 가능한 한 많이 낚아 올리는 것뿐이다.
□ 인적 네트워크를 쌓는 데 주춧돌은 바람직한 매너를 갖추는 것이다. 사람들은 당신 회사의 광고 자료들 사이를 누비며 신경을 곤두세우고 싶어하지 않는다.

사람들이 광고 자료를 가지고 가야 한다고 주장하는 이유와 그에 대한 반론을 60페이지에 표로 정리해보았다.

내 일관된 생각은 이렇다. 모임에서 서류 뭉치는 아무 소용없는 젤리일 뿐이다. 그런 것을 모임에 들고 가지 말라. 도움이 될 것이라고 생각한 광고 자료 때문에 당신에 대한 이미지만 나빠질 수 있다.

광고 자료를 지녀야 하는 이유	반 론
'상품을 팔기 위해'	• 당신은 인맥을 쌓기 위해 모임에 참가했지 상품을 팔자는 것이 아니다. • 모임에서 팔 수 있는 것보다 나중에 여유롭게 이야기를 나누며 팔 수 있는 것이 훨씬 많다.
'내가 하는 일을 설명하려고'	• 관련 자료를 보여주는 것보다 당신이 직접 설명해주는 편이 더 강한 인상을 준다.
'사람들은 그런 자료를 보고 싶어한다. 그것이 없으면 불성실하다는 인상을 주지 않을까?'	• 관련 자료를 보여주는 것이 함께 이야기를 나누는 것보다 중요한가?
'혹시라도 사람들이 갖게 될 구매충동을 놓치는 것은 아닐까?'	• 물론 그럴 수 있다. 하지만 모임에서 구매충동을 느끼는 경우는 드물다. 서류와 관련된 일은 될 수 있으면 나중에 만나는 자리에서 해결한다.
'내 경쟁자는 항상 지니고 다니는데'	• 자료를 고집하는 모든 이유는 현명하지 못한 계산이다. • 당신의 경쟁자가 바보 같은 짓을 한다면 그만큼 당신에게는 유리한 상황이 된다. 당신의 목표는 그들을 앞지르는 것이지 그들을 따라하는 것이 아니다. 더구나 그들은 어리석은 짓을 하고 있지 않은가.
'내가 하고 있는 일을 간단하게 설명하기 위해서는 자료가 반드시 필요하다. 그것 없이 나는 아무것도 할 수 없다.'	• 나중에 이 장에서 제시할 요령을 활용하라. 설명하기가 아주 간단하면서도 효율적인 방법이다.

항상 명심해둘 것

명함과 필기구 그리고 명찰을 지니고 가는 것은 대어를 잡기 위한 아주 훌륭한 출발이다. 하지만 모임에서 발군의 실력을 발휘하기 위해 유념할 것은 아직도 많기만 하다.

내가 지금 당신과 나누고자 하는 정보를 모두 실천에 옮기는 사람은 극히 드물다. 하지만 그런 이유로 이 모든 것을 지켜나간다면 당신은 언제나 경쟁에서 앞서나갈 수 있다.

1. 왜 모임에 참석하는지 항상 생각하라

모임에 참석하는 목적은 단 한 가지, 이후에 대어와 커피를 나눌 약속을 잡기 위해서다. 인적 네트워크를 쌓기 위한 모임은 목적에 이르는 수단일 뿐 그 이상은 아니다.

2. 누구를 만나고 싶은지 정확히 알자

이미 앞에서 충분히 언급한 대목이다. 그러면서도 늘 잊어버리는 것이기도 하다. 모임 전에 주최 측의 도움을 받아 참가자 명단을 입수하는 것을 잊지 말라.

3. 모임에 참석하는 목표를 분명히 하라

리버풀에 사는, 내가 아는 한 웹디자이너는 정말 많은 모임을 쫓아다닌다. 어디를 가든 그를 볼 수 있을 지경이다. 당신도 그런 사람을 한 명쯤 알고 있으리라. 워낙 많아 혹시 복제를 한 건 아닐까 의아할 정도다.

그를 그렇게 잘 알지는 못했지만, 나는 최근 대화를 나누며, 왜 그의 네트워크 작업이 통하지 않는지 알게 되었다.

"무슨 말인가요? 뭐가 통하지 않는다는 거예요?"

내가 이렇게 묻자 돌아온 답은 이랬다.

"글쎄요, 그게 도무지 되는 게 없어요."

잠시 의아했던 나는 더 그를 몰아세웠다.

"당신이 원하는 게 뭔데요?"

그의 대답은 이랬다.

잘되는 네트워킹, 대어를 잡아라

"몰라요. 그저 사업이 좀더 잘 되었으면 하는 거죠, 뭐……."

그가 가진 문제가 무엇인지 짐작했으리라. 이루려는 목표가 무엇인지 확실히 모르는데 무엇을 이루겠는가.

당신이 원하는 것은 대어와 여유롭게 이야기를 나누는 일이다. 하지만 이를 위해서는 좀더 철저해야 한다. '대어를 만나라' 가 황금률임에는 틀림없지만 아직은 애매하기만 하다. 전문성을 갖추어라, 합리적으로 행동하라, 철저한 계획을 짜라 하는 등의 목표처럼 '대어를 만나 이야기를 나누어라' 는 말이 구체적이지 않은 것은 사실이다. 하지만 당신이 진정 원하는 것은 무엇인가? 사업의 성공이 아닌가.

4. 마음가짐부터 바꾸어라

'오늘 저녁 세 명의 대어를 만날 것이다.' — 멋진 목표다. 세 명의 대어는 정말 대단한 수확이 아닐 수 없다. 그들과 함께 커피를 마실 기회가 있다면 모임은 대성공이다.

하지만 여기에는 한 가지 문제가 있다. 정말 세 명의 대어가 당신이 오기만을 기다려줄까? 대어를 만날 수 있을지 주도권을 쥔 쪽은 유감스럽게도 당신이 아니다. 만일 당신이 참석한 모임에 세 명의 대어가 없다면? 이는 곧 당신은 아무런 실수도 저지르지 않았음에도 불구하고 목표를 이루지 못했음을 뜻한다.

따라서 이 목표는 실현 가능성이 없다. 성취 여부를 당신 스스로 통제할 수 없는 한 그것은 좋은 목표가 아니다.

'오늘 저녁 될 수 있는 한 많은 대어를 만날 것이다.' — 이는 물론 첫 번째 목표처럼 당신이 결정지을 수 없는 것은 아니다. 가능한 한 많은 대어를 만날 수만 있다면 얼마나 좋을까? 하지만 정말 몇 명의 대어를 만날 수 있을지 아리송하다. 성취 여부를 정확하게 잴 수 없는 목표다.

'벌써 두 명이나 대어를 건졌어! 이 정도면 대성공이지!' 당신은 이렇게 생각하고 너무 빨리 작업을 멈출지 모른다. 아직도 그곳에는 다른 대어들이 헤엄치고 있는데도……. 이 방법도 좋지 않다.

'오늘 저녁 참석자 명단에서 확인한 A와 B를 만날 것이다. 그들은 실제로 대어임에 틀림없다.' — 훌륭하다. 나무랄 데 없는 목표다. 하지만 너무 치고 나간 것은 아닐까? 당신이 알아보지 못한 C가 A와 B보다 훨씬 더 막강한 영향력을 지닌 대어일 수 있지 않을까? 좋은 목표이기는 하지만 명단에만 의존하는 것은 더 나은 대어를 만날 가능성을 스스로 차단하는 것과 같다. 더욱 큰 기회를 놓칠 수 있다.

그러면 어떻게 해야 할까? 첫 번째와 두 번째 목표는 충분하지 않다. 세 번째 목표는 한결 낫기는 하지만 스스로 기회를 차단하는 결과를 초래한다. 과연 무엇을 더해야 원하는 결과를 확실하게 이룰 수 있을까?

'처음 보는 다섯 사람에게 다가가서 그들이 대어인지 아닌지 확인해보자. 대어가 확실하다면 다음에 만날 약속을 잡는다.' — 이것이 훨씬 나은 방법이다. 여기서 핵심은 낯선 사람에게 초점을 맞추는 것이다. 대어만을 염두에 두면 만남의 주도권은 상대방에게 넘어가지만, 낯선 사람에게 말을 걸지 말지는 당신이 결정할 문제다. 다시 말해 첫 번째 목표에서 보았던 것과 같은 잘못은 막을 수 있다.

이 목표는 다음과 같은 두 가지를 완성할 때 이루어진다.

1 — 그가 대어인지 확인하라.
2 — 대어와 커피 마실 약속을 잡아라.

잘되는 네트워킹, 대어를 잡아라

이런 식의 목표 설정은 적극성에 기초한 것이다. 이는 곧 당신의 목표가 전적으로 당신 자신의 주도적인 행동으로 세워졌음을 의미한다. 낯선 사람에게 말을 걸어라. 그가 대어인지 확인하라. 그리고 그가 당신을 성공을 이끌 대어라면 커피 약속을 잡아라.

이와 달리 전통적인 방법은 결과에 치중한다. 이 경우에는 오로지 특정한 결과를 이루는 데에만 초점을 맞춘다. "나는 세 명의 대어를 만날 거야" 하는 경우가 이에 해당한다.

적극성에 기초한 목표 설정이 갖는 가장 큰 장점은 목표 달성에 대한 결정권을 항상 당신 자신이 쥐고 있다는 점이다.

인맥을 쌓기 위한 모임에 참석할 때마다 내가 취하는 목표는 세 번째와 네 번째를 조합한 것이다. 다섯 명의 낯선 사람들에게 말을 걸면서 나 자신에게 이렇게 환기시키곤 한다.

'손님 명단에 X가 있었지. 그와 이야기하는 것도 잊지 말자.'

이렇게 하면 당신이 모임에서 얻고자 하는 것을 항상 명확하게 의식할 수 있다. 게다가 무엇을 해야 할지 전적인 결정권을 갖는 사람은 당신 자신이다.

모임을 유래하게 이끄는 기분 좋은 습관

성공할 준비는 되었는가?

자, 이제 모임이 시작되었다. 필요한 모든 것을 준비했는지 다시 한번 확인해보자.

애프터의 힘

□ 대어 명단
□ 모임에 참석한 목적
□ 명함
□ 필기구
□ 명찰

그리고 당신은 이미 성공적인 인맥 쌓기를 뒷받침할 두 가지 핵심 기법을 터득하고 있음을 잊지 말라.

□ 좋은 매너를 자랑하라.
□ 대화를 이끌 말솜씨를 키워라.

그러면 이제 어떻게 모임을 주도할까? 가능한 한 많은 대어를 낚기 위해 무엇을 해야 할까?

□ 누구에게 접근할지 알자.
□ 무슨 말을 어떻게 해야 할지 알자.

이 두 가지를 터득한다면 당신은 최고의 기회를 잡을 수 있다.

누구에게 접근할지 생각하자

학창 시절, 시험 보던 때를 떠올려보라. 시험 때는 늘 곤혹스럽기 마련이다. 답이 떠오르지 않아 고민하다가 고개를 들어 주위를 둘러보면 다들 답을 적느라 여념이 없다. 더욱이 흐뭇한 미소를 짓고 있는 것만 같다.

'다른 애들은 모두 쉽게 푸는데 왜 나만 이럴까?'

자신만 어려워하는 것 같아 진땀이 흐른다.

인맥을 쌓기 위한 모임도 마찬가지다. 어떻게 해야 좋을지 몰라 초조한 표정으로 주위를 돌아보면 사람들은 저마다 대화를 나누느라 여념이 없는 것 같다. 나만 빼놓고 다들 모임을 편안하게 즐기는 것만 같다.

'어째서 나만 이렇게 잘 풀리지 않을까?'

등에는 식은땀이 흐른다.

그렇지만 모임은 누구에게나 초조함과 긴장감을 갖게 만든다. 처음 보는 사람들이 가득한 곳에 들어서면서, '와, 대단한데! 이거 정말 멋진 기회로군. 전부 내가 모르는 사람들이야. 한 명씩 만나 강한 인상을 심어주어야지. 기다려, 너희들의 인생이 바뀔 거야!' 라고 생각하는 사람은 없다.

나는 한 강연회에서 경영 컨설턴트로 유명한 마리 모슬리를 만났고, 그의 강연을 들었다. 그 중 다음 대목이 인상적이었다.

"절대로 여러분 자신의 속마음으로 다른 사람의 겉모습을 판단하지 마세요. 왜냐고요? 그러면 여러분은 언제나 패자가 되고 맙니다."

내가 보기에 이 말은 그곳에 참석한 사람들의 심정을 집약한 것이다. 속으로는 초조하고 불안하면서 겉으로는 태연한 듯 보인다. 물론 사람들의 속을 들여다볼 수는 없다. 하지만 누구든 당신과 똑같이 불안해하고 있다.

초반의 불안함을 털어버리고 누구에게 접근해야 할지 알아내는 가장 좋은 방법은? 혹시 처음 그곳에 들어섰을 때 도대체 무엇부터 시작해야 좋을지 몰라 어리둥절한 나머지 가장 잘 아는 사람 주위만 맴돌지 않았는지? 다음에 소개하는 방법만 익히면 그런 경우는 막을 수 있다. 그곳에 들어섰을 때 어떤 그룹에 다가가야 하는지 알아내는 데는 아주 간단한 법칙이 있다.

더 자세하게 설명하기 전에 아래 그림을 찬찬히 훑어보기 바란다. 누구에게 가장 먼저 말을 걸어야 할까?

지금 실내에는 20명이 이야기를 나누고 있다. 얼핏 보기에는 20명 모두에게 접근할 수 있을 것처럼 보인다. 하지만 사실은 다르다. 여기서 접근할 수 있는 사람은 몇 명에 지나지 않는다. 더구나 누구에게 말을 걸어야 초반의 불안감과 긴장을 덜어낼 수 있을까?

〈모임에 참석한 사람들〉

잘되는 네트워킹, 대어를 잡아라

1 개인과 그룹

우선 사람들을 개인과 그룹으로 나누어보자. 실내에 홀로 있는 사람은 두 명이다. 개인은 그룹보다 접근하기 쉽다. 그 이유는 이렇다.

□ 아무래도 많은 사람들보다는 한 사람에게 말을 거는 것이 편안하다.
□ 홀로 있기 때문에 말을 걸어주면 반가워한다.
□ 그룹에 끼어들면 대화를 끊어야 하지만 개인이라면 그렇지 않다.

이런 관점에서 보면 당신이 시작해야 할 곳은 명확히 두 곳이다.

2. 열린 그룹과 닫힌 그룹

하지만 그곳에 들어섰을 때 모두 그룹을 지어 대화를 나누고 있다면 어떻게 해야 할까? 혹은 혼자 있는 사람이 있기는 하지만 다가가고 싶지 않은 경우도 있다. 그가 별로 만나고 싶지 않은 경우라면…….

다음 두 개의 그림을 살펴보자. 두 그림 모두 쌍을 이루어 대화를 나누고 있다. 어느 쌍에 접근하는 것이 좋을까?

〈열린 한 쌍〉

애프터의 힘

〈닫힌 한 쌍〉

여기서 정확한 답은 오직 하나다. 우리가 접근해야 할 쌍은 68페이지의 첫 번째 그림이지 위 그림이 아니다. 우리는 그들의 몸짓에서 확실하게 알 수 있다. 첫 번째 쌍을 '열린 쌍' 이라고 부른다. 네트워크 모임에서 흔히 볼 수 있는 쌍이다. 이들의 몸짓은 감추는 것이 없다. 두 사람 모두 누군가 다른 사람이 끼어주기를 바라고 있다. 이런 경우 접속하기가 아주 쉽다.

〈 '열린 쌍' 에 접속하라〉

열린 쌍에 참여한다는 것은 곧 세 사람으로 된 그룹을 이룬다는 것을 뜻한다. 물론 접근할 때 적절한 말을 구사해야 한다. 무턱대고 밀고 들어가서

잘되는 네트워킹, 대어를 잡아라

는 안 된다.

그런데 두 번째 쌍 사이에는 왜 접근하지 말아야 하는 걸까? 그들의 몸짓을 보면 누구에게도 방해받고 싶지 않다는 것을 읽을 수 있다. 양쪽 모두 대화에 몰두하고 있다. 얼굴과 함께 어깨를 마주하고 있다. 이런 쌍을 '닫힌 쌍'이라고 부른다. 어느 쪽도 당신이 접근하기를 바라지 않는다.

열린 쌍과 닫힌 쌍이 반드시 두 사람으로만 이루어지는 것은 아니다. 몇 사람으로 뭉쳐 있는 그룹이든 우리는 그들의 몸짓에서 열려 있는지 닫혀 있는지 가늠할 수 있다.

〈열린 세 사람〉

〈닫힌 세 사람〉

애프터의 힘

〈열린 네 사람〉

〈닫힌 네 사람〉

핵 심 _ 정 리

개인이든 그룹이든 열린 쪽에만 접근하라.

이제 다시 둘러보자. 안에는 20명이 있지만 당신이 접근할 수 있는 경우는 다섯 곳으로 압축된다.

<모임에 참석한 사람들>

    사람들과 만날 때 이렇게 접근 가능한 경우를 가려보는 것은 대단한 강점으로 작용한다.

    '사람들이 모두 그들끼리 대화를 나누느라 열중하고 있는데, 도대체 어디서부터 누구와 이야기를 시작해야 할까?'

    이런 걱정은 이제 말끔하게 사라진다.

'그렇구나! 하지만?'

앞 글을 읽고 무릎을 치면서도 당신 마음속에서는 한 가지 의문이 생길 수 있다. '그렇구나! 하지만 예상하지 못한 상황이 생기면 어쩌지?'

예를 들어 이런 식이다.

'그렇구나! 하지만 거기에 열린 그룹이 없으면 어쩌지?'

해답은 간단하다. 열린 그룹은 반드시 있다. 모임에서 사람들은 가능한 한 많은 교분을 트고 싶어하기 때문에 닫힌 그룹은 거의 없다. 은밀한 대화를 나누고 싶어하는 사람이 왜 모임을 찾겠는가.

그래도 열린 그룹을 찾기 어렵다면 운이 나쁜 경우다. 이럴 때는 잠시 기다린 후 다시 둘러보면 반드시 열린 그룹을 찾을 수 있다.

대화에 끼어들고 싶다면

나는 오랫동안 처음 보는 사람에게 어떻게 접근해야 가장 좋은지 궁리를 거듭해왔다. 대화에 끼어들기 위해 해야 할 말은 어떤 게 좋을까? 그러다 불현듯 단순한 것이 가장 좋은 방법이라는 생각이 들었다. 그래서 떠오른 것이 다음의 말이다. 그리고 이런 접근 방식은 언제나 통했다.

"안녕하세요, 저는 앤디라고 합니다."

좋지 않은가? 여기에 돌아올 답은 단 한 가지다.

"안녕하세요, 저는 ㅇㅇㅇ라고 합니다."

그러면 대화는 시작이다. 1단계가 멋지게 마무리된 것이다.

하지만 '안녕하세요, 저는 앤디라고 합니다' 라는 소개는 개인과 접촉할 때만 통할 뿐 그룹에는 어울리지 않는다. 두 사람이 즐거운 대화를 나누고 있

잘되는 네트워킹, 대어를 잡아라

는데 불쑥 끼어들어 당신의 이름을 당당하게 밝히는 것은 여간 불쾌한 일이 아니다.

몇 사람이든 그룹에 접근할 때는 허락부터 구하는 것이 좋다. 말하자면 이런 식이다.

- □ "실례지만 제가 말씀 좀 들어도 좋을까요?"
- □ "제가 좀 끼어들면 안 될까요?"
- □ "함께 이야기를 나눌 수 있을까요?"
- □ "여기에는 제가 아는 사람이 아무도 없군요. 같이 이야기 좀 나눌 수 있을까요?"

이런 식으로 접근하는 것이다. 상황에 따라 적절한 말을 골라 쓰면 된다. 내가 가장 즐겨 쓰는 말은 첫 번째 것이다.

"실례지만 제가 말씀 좀 들어도 좋을까요?"

이럴 때 사람들의 반응은 한결 같다.

"물론이죠. 어서 오세요."

1단계를 무사히 넘어선 것이다. 이제 대화를 시작한다.

> **1단계 핵심 정리**
> - 개인에게 접근할 때면 "안녕하세요, 저는 ○○○라고 합니다" 하고 말을 건넨다. 혹은 상대방의 승낙을 구한다.
> - 그룹에 접근할 때는 언제나 허락부터 구한다.

상대방의 이야기부터 들어라

당신에 관한 이야기를 시작하기 전에 먼저 상대방이 하는 말부터 들어라. 내 경우, 그가 어떤 사람인지 알기도 전에 그 사람이 나에 관해 물어보면 늘 난처해진다.

상대방의 이야기부터 들어야 하는 데는 중요한 이유가 있다.

□ 상대방에 관해 묻는 것이 더 나은 매너다. 인맥을 쌓는 데 핵심은 훌륭한 매너다.

□ 상대방에게 관심부터 보이는 것이 순서다. 사람들은 자신에 관해 묻는 것을 좋아한다.

□ 그가 대어인지 쉽게 알아볼 수 있다. 대어인지, 잔챙이인지, 아니면 버려진 장화인지에 따라 대화의 유형과 시간을 결정한다.

□ 인맥을 쌓는 것은 상대방으로부터 이득을 보려는 것이 아니라 상대방을 돕기 위해서라는 사실을 명심해야 한다. 상대방의 이야기를 귀 기울여 들어줄 때 그를 도울 좋은 기회를 잡을 수 있다. 실제로 모임에서 대화를 나누면서 항상 다음과 같은 것을 염두에 두어야 한다. '어떻게 하면 내가 이 사람을 도울 수 있을까?' 이와는 반대로 '이 사람이 도대체 내게 무슨 쓸모가 있을까?' 하는 생각은 절대 금물이다. 상대방을 돕는 것이 자신의 새로운 사업을 이끌어낸다는 것은 이미 여러 연구를 통해 실제로 밝혀냈다. 먼저 상대방이 하는 일, 좋아하는 것에 관한 이야기부터 들어라. 틀림없이 당신 사업의 새로운 돌파구를 열어줄 것이다.

잘되는 네트워킹, 대어를 잡아라

그의 이야기부터 이끌어내는 가장 좋은 방법은 그에게 먼저 질문을 하는 것이다.

다음은 모임에서 적절하게 구사할 수 있는 질문의 사례들이다. 누구, 왜, 무엇, 어떻게 등의 의문사에 주목하기 바란다.

□ 누구를 위해 일하시나요?

□ 무슨 일을 하시죠?

□ 사업을 하면서 어떤 일에 가장 흥미를 느끼세요?

□ 어떤 일을 맡고 계시나요?

□ 하시는 분야에서 요즘 이슈는 무엇인가요?

□ 가까운 장래에 어떤 일이 생기길 기대하세요?

□ 사업을 언제부터 시작하셨나요?

□ 하시는 일이 어떤 방향으로 가길 원하십니까?

□ 회사는 어디에 있나요?

□ 사업을 성공적으로 이끈 비결은 무엇인가요?

□ 사업은 얼마나 오랫동안 하셨나요?

□ 왜 이 일을 시작하셨습니까?

□ 요즘 하시는 일은 잘 되십니까?

□ 직원은 몇 명이나 됩니까?

질문을 하면서 가장 중요한 점은 상대방의 답변에 관심을 보이는 것이다. 질문을 위한 질문은 늘어놓지 말아야 한다. 지금 필요한 것은 대화를 나누는 것이지 생각할 수 있는 모든 질문을 하는 것이 아니다. 다음과 같은 말이 얼마나 부적절한지 상상해보라.

애프터의 힘

나 : 요즘 사업은 잘 되십니까?

그 : 그게 솔직히 말해서 좋지 않습니다. 몹시 안 좋아요. 언제 파산할지
　　몰라 걱정입니다.

나 : 아, 그래요. 그러면 어떻게 사업을 크게 키울 생각이세요?

　물론 극단적인 사례이기는 하다. 하지만 그만큼 우리는 상대방의 대답
에 집중할 필요가 있다. 내가 지금껏 가장 좋은 대응방식으로 꼽는 것은
"네, 그렇군요. 무슨 일인지 좀더 자세하게 말씀해주시겠어요?"라고 묻는
것이다. 먼저 그를 향한 내 관심을 보여주면서 대화를 더 깊이 있게 끌고
나갈 수 있다. 이는 그를 보다 빠르고 더 잘 알 수 있는 기회를 만들어준다.
　열 개의 피상적인 질문을 하느니 세 개의 깊이 있는 답을 이끌어내는 것
이 훨씬 중요하지 않겠는가.

'그렇구나! 하지만?'

|의문| 심도 있는 질문을 하다보면 상대방은 심문을 받는 것같아 기분 나빠
　　　하지 않을까?

|답| 아니, 전혀 그렇지 않다. 자신과 가족, 사업, 인생 등에 진심어린 관심을
　　보여주는 것에 불쾌함을 느낄 사람은 아무도 없다.

이것만은 반드시 묻자

2단계에서 내가 항상 던지는 질문에는 이런 게 있다.

"어떤 분야의 전문가를 필요로 하세요?"

이것은 모임에서 할 수 있는 가장 중요한 질문이다. 그 이유는 이렇다.

잘되는 네트워킹, 대어를 잡아라

□ 상대방에게 진정한 관심을 보여준다.

□ 이를 통해 그를 도울 방법을 알 수 있다.

□ 이런 물음을 통해 그로부터 최대한의 존경과 관심, 친근감을 얻어내면서 대화를 마칠 수 있다.

이 질문이 중요한 또 다른 이유는 사람들이 이런 질문을 거의 하지 않는다는 사실 때문이다. 따라서 이런 질문을 하면 상대방에게 신선함과 동시에, 진정 도움을 줄 수 있는 사람이라는 인상을 심어줄 수 있다. 《검증된 광고제작법》의 저자인 존 케이플스는 효과적인 광고 카피에 관한 연구에서, 새로움과 이익이라는 두 가지 요소가 결합해야 한다는 결과를 내놓았다. 소비자는 자신에게 신선함과 이득을 주는 광고일 때 그 광고에 가장 큰 관심을 보인다는 것이다.

2단계 핵심 정리

- 먼저 상대방에 관해 물어라.

- 많은 질문을 해라.

- 결정적인 질문을 하라. "어떤 분야의 전문가를 소개해드리면 좋을까요?"

나 자신에 관해 이야기하는 법

이제 대화는 상당히 진척되었을 것이다. 그 과정은 아마도 다음과 같지 않을까?

나 : "안녕하세요, 앤디라고 합니다."

그 : "안녕하세요, 밥입니다."

나 : "무슨 일을 하세요, 밥?"

그 : 〔질문에 답하고 질문을 던지기도 하면서 대화는 깊어진다.〕

몇 분 뒤 그는 당신에 대해 알고 싶어할 것이다. 이때 당신은 좋은 인상을 심어주는 대답을 해야만 한다.

□ 저는 은행가입니다.
□ 저는 회계사인데요.
□ 저는 변호사입니다.
□ 저는 펀드매니저입니다.

"무슨 일을 하시나요?" 하는 질문에 흔히 하는 대답이 너무 지루하다고 생각하지 않는가? 아무런 감흥도 줄 수 없는 대답들이다.

문제는 이런 대답들이 '나라는 사람이 누구인지' 이야기하고 있을 뿐 정작 '나라는 사람이 구체적으로 무슨 일을 하는지, 어떤 일을 잘하는지' 분명하게 알려주지 않는다는 점이다. "무슨 일을 하시나요?"라고 물었을 때 알고 싶은 것은 구체적으로 어떤 일을 하는가다. "저는 회계사입니다"라는 대답은 진부한 반응일 뿐이다. 질문이 원하는 것을 잘못 짚고 있다. 상대방에게 신선함을 줄 수 없다.

첫 번째 물음에 진부한 반응을 보이는 것은 너무나 위험한 일이다. 누구나 첫인상의 중요성을 잘 알고 있다. "무슨 일을 하시나요?"라는 질문에 당신은 될 수 있는 한 강한 인상을 심어주어야 한다.

"무슨 일을 하시나요?"

잘되는 네트워킹, 대어를 잡아라

이 질문을 받았을 때 유념할 것은 다음 두 가지다.

□ 당신 자신에 관해 너무나 많은 정보를 주어서는 안 된다. 묻지도 않은 것을 뭘 저리도 주절거리나 하는 인상을 주지 말아야 한다. 상대방이 '누가 물어봤어?'라고 생각한다면 이미 실패다.
□ 당신이 주는 정보가 상대방의 흥미를 이끌어낼 수 있어야 한다. "그래요? 좀더 자세하게 말씀해주시겠습니까?"

상대방의 흥미를 부르는 대화법

1. 말은 최대한 간결하게 하라

사람들이 관심을 갖는 것은 당신의 직업이 아니다. 그들은 당신이 자신에게 어떤 도움을 줄 수 있을까 하는 것에 더욱 관심을 갖고 있을 뿐이다. 당신과 함께 일하고 나면 과연 무슨 이득이 남을까?

그래서 내 경우에는 내가 다른 고객에게 가져다준 성과에 대해 이야기하곤 한다. 그저 따분하게 커뮤니케이션 분야에서 일하고 있다고 결코 말하지 않는다.

구체적으로 이렇게 대답한다.

"저는 기업체들이 신제품 발표회나 언론 홍보를 원할 때 더 나은 성과를 이끌어낼 수 있도록 돕고 있습니다."

이 말에 사람들은 한결같이 이렇게 반응한다.

"무슨 말씀이시죠? 좀더 자세하게 말씀해주세요."

이것이 바로 내가 노린 효과다. 그들은 성과라는 내 말이 무엇을 뜻하는지 정확하게 알고 싶은 것이다. '고객에게 이익을 가져다준다?' 이 말 한 마디는 상대방으로 하여금 많은 질문을 하게 만든다.

"저는 커뮤니케이션 컨설턴트입니다" 하는 것보다 훨씬 강력한 효과를 불러일으키지 않는가. 적어도 커뮤니케이션 컨설턴트라는 직업에 대한 일반적인 선입견은 피할 수 있다.

아래 표는 네 가지 전문직종이 첫 인사를 할 때 적절한 경우와 그렇지 못한 경우를 정리해본 것이다. 오른쪽 칸을 애프터라고 한 것은 그만큼 고객의 사후관리에 유리하다는 점을 강조하기 위해서다.

전통적인 소개(좋지 않은 경우)	애프터를 겨냥한 소개(좋은 경우)
저는 회계사입니다.	저는 사람들이 세금을 덜 낼 수 있도록 도와드리고 있습니다.
저는 공인중개사입니다.	저는 사람들이 꿈꾸는 집을 장만할 수 있도록 도와드리고 있습니다.
저는 비즈니스 코치입니다.	저는 고객이 최대의 성과를 낼 수 있도록 도와드리고 있습니다.
저는 이미지 메이커입니다.	저는 고객이 자신의 매력을 한껏 살릴 수 있도록 도와드리고 있습니다.

목록은 이런 식으로 당신의 직업에 따라 계속될 수 있다. 다만, 오른쪽 문장들은 모두 비슷한 구조로 되어 있음을 알 수 있다.

1 — '저' 라는 말로 나를 낮추고 있다.
2 — '도와드린다' 는 행동을 강조한다.
3 — 고객과의 애프터를 겨냥한다.

"저는 고객이 자신의 매력을 한껏 살릴 수 있도록 도와드리고 있습니

잘되는 네트워킹, 대어를 잡아라

다!' 하는 인사말이 사람들에게 퍽이나 우스꽝스러운 모양이다. 내 친구들은 이 문장을 가지고 다음과 같은 유머를 만들어냈다.

- □ 컴퓨터 강사 — "고객의 윈도우에서 고통을 지워드립니다."
- □ 영양사 — "저는 피곤한 사람들을 도와 병들고 피곤하게 느끼는 걸 피곤하게 만듭니다."
- □ 안경사 — "저를 찾아오는 사람들은 이전에는 보지 못하던 저를 보게 됩니다."
- □ 장의사 — "저를 찾아오는 사람들은 죽을 지경입니다."

당신도 이런 문장쯤 하나 만들어두면 어떨까? '저' 와 '돕겠다' 는 적극적인 동사와 애프터를 이용해 당신에게 어울리는 것을 만들어보자. 이런 문장이 노리는 것은 오직 한 가지다. 상대방으로 하여금 호기심을 갖게 만들어 당신에게 더 많은 것을 물어보게끔 하기 위함이다. 상대방에게 온전한 그림을 그려주기보다는 무엇인가 빠진 것만 같은 느낌을 불러일으켜야만 한다.

'그렇구나! 하지만?'

|의문| 나에 관한 좀더 자세한 정보를 주는 것이 좋지 않을까?

|답| 전혀 그렇지 않다. 당신 자신에 대해 이야기하는 것은 길어야 2, 3분을 넘기지 말아야 한다. 오로지 상대방의 호기심을 자극해 더 많은 질문을 던지게 하라. 그 이상은 필요 없다.

2. 왜 당신의 도움이 필요한지 언급하라

상대방이 "좀더 자세하게 말씀해주시죠?"라고 청한다면 이제 당신은 사업을 펴는 데 당신의 역할이 얼마나 중요한지 설명해야 한다. 물론 그는 지금 애프터를 의식하고 있다. 애프터의 필요성을 더욱 절감하게 하라.

이를 위해 가장 좋은 방법은 두 파트로 나누어 공략하는 것이다. 하나는 당신이 하는 일의 필요성을 강조하는 것이고, 애프터에 다시 한번 힘을 실어주는 것이 그 다음이다.

"저는 기업체들이 신제품 발표회나 언론 홍보를 원할 때 더 나은 성과를 이끌어낼 수 있도록 돕고 있습니다."

내가 이렇게 말했을 때 상대방은 더 자세한 이야기를 듣고 싶어한다.

"커뮤니케이션이 필요할 때를 아시죠? 커뮤니케이션은 기업이 성과를 올리는 데 필수적입니다. 고객을 상대로 매출을 끌어올리는 데도 그렇고, 특히 직원들에게 새로운 비전을 심어줄 필요가 있을 때에도 반드시 효과적인 커뮤니케이션이 필요합니다."(필요성을 역설하라)

"효과적인 커뮤니케이션 전략을 구사하는 회사는 원하는 성과를 실제로 올릴 수 있다고 확신합니다."(다시 한번 애프터를 강조하라)

모임에서 당신과 내가 이런 대화를 나누었다고 상상해보라. 첫 번째 대답에 흔쾌히 동의하는 당신의 모습을 그리기란 어려운 일이 아니다. 커뮤니케이션의 필요성이야 분명하지 않은가.

첫 번째 대답에 동의했다는 것은 곧 내가 당신에게 필요한 인물이 되었음을 뜻한다. 당신이 지금 당장 그럴 필요를 느끼지 않는다고 하더라도 커뮤니케이션이 필요한 누군가에게 소개는 해줄 것 아닌가.

내 말에 흥미를 느꼈다면 당신은 더 많은 질문을 할 것이다.

"하시는 일을 좀더 구체적으로 설명해주시죠?"

잘되는 네트워킹, 대어를 잡아라

사실 이런 질문을 하는 것은 내가 구체적으로 어떤 일을 하는지 자세하게 설명하지 않았기 때문이다. 나는 다만 당신, 즉 고객이 나와 애프터를 갖고 싶다는 생각을 하게 만들었을 뿐이다. 그리고 나의 도움을 필요로 하는 사람은 반드시 있다.

이런 사례를 참고로 당신에게 맞는 전략을 짜보기 바란다.

3. 대화는 끈적거림 없이 끝내라

좀더 자세히 설명해달라는 반응이 오면 약 30~60초 안에 당신이 하는 일을 소개한다. 여기서도 강한 인상을 심어주어야 한다. 상대방이 관심을 보인다고 해서 오랫동안 주절거려서는 절대 안 된다. 생각할 수 있는 모든 것을 끄집어내어 젤리를 만들지 말라.

□ 정보를 늘어놓기보다 이야기를 하라. 최근 다른 고객과 있었던 일을 가능한 한 재미있게 들려주어라. 이러저런 자료와 정보보다는 일화가 훨씬 더 친근하고 오래 기억된다는 것을 잊지 말자.

□ 예를 들 때는 반드시 '예컨대' 라는 표현을 써라. "최근 상당한 매출고를 올렸죠. 예컨대 ○○○라는 고객은……"

□ 경쟁자와의 차별성을 부각하라. "제 전문분야에서만큼은 누구도 따를 수 없는……"이라거나, "정말 드물죠", "제가 만나본 사람들 중 누구도 이런 방식을 쓰지 않습니다"라는 표현을 써라.

□ 말을 많이 하는 것보다 간결하게 말하는 것이 훨씬 낫다는 사실을 잊지 말라. 상대방은 원할 때면 언제든 질문을 하기 마련이다.

물론 30~60초 안에 멋진 이야기를 들려준다는 것은 쉬운 일이 아니다.

애프터의 힘

시간과 노력을 들여 꾸준히 연습해야 한다. 당신이 말하고자 하는 것을 글로 쓰고 다듬으면서 연습하고 다른 사람에게 의견을 물어보라. 이런 노력을 기울이지 않는 한 당신이 지닌 매력은 어느 누구에게도 제대로 전달되지 않는다. 일생일대의 기회를 놓치지 말아야 한다.

바로 지금이 일생일대의 기회라고 여기고 최선을 다하라. 앞 페이지의 네 가지 대화법을 명심하고 되도록 간략하게 자신의 이야기를 만들어라.

더욱 손쉬운 방법이 있다. 가장 가까운 친구에게 어떤 점이 더 나아졌으면 좋겠는지 물어보라. 곁에서 당신을 지켜본 친구의 충고는 더없이 값지다. 이렇게 해서 당신에게 가장 좋은 이야기를 완성할 수 있다.

멋진 30~60초를 만들기 위해 다음과 같은 것들도 생각해볼 수 있다.

- 저는 …… 점들을 도와드릴 수 있습니다.(애프터)

- 그리고 …… 분(대표적인 고객)들과 함께 일했습니다.

- 그는 많은 문제를 안고 있었죠.(고객 유형별로)

- 예컨대 …… (이야기를 들려준다)

- 제가 그럴 수 있었던 것은 바로 제 전문 분야이기 때문이었죠.(차별성)

3단계 핵심 정리
- "저는 회계사입니다"라는 소개는 피하라.

- 애프터를 의식한 멘트를 한다.

- 당신의 서비스가 왜 필요한지 언급하고, 다시금 애프터를 강조한다.

- 당신의 이야기가 빛을 발할 때까지 거듭 다듬어라.

- 미친 듯이 연습하라.

잘되는 네트워킹, 대어를 잡아라

본격적으로 대화를 나눌 때

이제 형식상 나누어야 할 대화는 끝났다. 새로 만난 사람과 대화를 시작했고(1단계), 그들에 관한 흥미로운 정보를 알아냈으며(2단계), 당신이 하고 있는 일을 될 수 있는 한 재미있게 풀어주었다(3단계).

마지막인 5단계는 대화를 끝맺는 것이다. 그렇다면 4단계는 왜 필요할까? 어느모로 보나 1, 2, 3단계 그리고 대화로부터 빠져나오는 5단계로 충분하지 않은가?

대화를 형식적이고 사무적으로만 일관한다면 그것도 문제가 아닐까. 물론 필요한 정보는 2, 3단계에서 충분히 얻을 수 있다. 그래도 그와 개인적으로 친숙해지기 위해 좀더 시간을 들이는 것이 좋다.

하지만 명심해두자. 당신의 유일한 목표는 대어와 단둘이 여유롭게 커피를 마시며 이야기를 나누는 것이다. 이 점을 염두에 둔다면 대화를 오래 끌 필요는 없다. 단지 몇 마디 친근한 말로 앞으로 얻어낼 이익을 보장할 수 있으면 충분하다.

개인적인 대화를 나누는 데까지 내가 끼어들 필요는 없을 것이다. 하지만 다음 몇 가지 요령을 익혀둔다면 4단계를 훨씬 더 깔끔하게 이끌 수 있을 것이다.

먼저, 모임에 참석하기 전에 언제라도 써먹을 수 있는 화젯거리를 두세 개 정도 준비한다. 예를 들어 그날 많은 사람들에게 화제가 된 뉴스라든지, 사람들이 관심을 갖고 있는 이슈 혹은 스포츠 소식 등을 준비해두는 것이다. 이런 것들은 중간에 대화의 흐름이 막히거나 딱히 할 말이 없을 때 유용하게 써먹을 수 있다.

"다른 사람과 대화를 나눌 때라면 무엇보다 먼저 상대방이 무엇에 관심을 갖고 있는지 알아내거라."

내가 젊었을 때 어머니는 이렇게 말씀하셨다.

상대방이 흥미를 갖고 있는 주제를 놓고 이야기하면 그만큼 대화는 매끄럽게 이어진다.

특히 중요한 것은 처음부터 끝까지 매너를 잃지 않는 것이다. 당신은 모임에 상품을 판매하러 간 것이 아님을 명심하라. 항상 '내가 이 사람에게 어떤 도움을 줄 수 있을까?' 라고 물어라. '이 사람이 내게 어떤 쓸모가 있을까?' 라는 생각은 절대 금물이다.

마지막으로, 당신 자신의 이야기에 열을 올리지 말고 상대방의 이야기를 잘 들어라. 화술이 뛰어난 사람일수록 상대방의 말을 잘 듣는 법이다.

이 정도면 4단계를 매끄럽게 끌고 나갈 수 있다. 명심할 것은 대화를 끝맺기 전에 그로부터 충분한 신뢰를 얻어내야 한다는 점이다.

4단계 핵심 정리

대화를 나눌 때 잊지 말아야 할 것들

- 몇 가지 화제를 준비하자.
- 상대방이 무엇에 관심을 갖는지 알아내어 그에 대해 이야기를 나누어라.
- 관심을 보여라. 하지만 관심을 끌려고 하지 말라.

대화에서 빠져나와야 한다면

모임 도중에 누군가와 의견이 어긋난 적이 있는가? 여간 난처한 일이 아닐 수 없다. 꼬일 대로 꼬인 상황 때문에 무력감에 빠질 때가 특히 그렇다. 자리를 뜨고 싶은 마음이 굴뚝같지만 그 역시 간단한 문제가 아니다. 이럴

잘되는 네트워킹, 대어를 잡아라

때 상황을 깔끔하게 정리하기란 쉬운 일이 아니다.

예의를 갖추어 정중하게 빠져나오고 싶다. 그러면서도 지금껏 이끌어온 만남을 이대로 끝내는 것도 아쉽다. 하지만 참다 참다 괴성이 튀어나오는 상황만은 막아야 한다.

"정말 죄송합니다만, 저 지금 화장실이 너무 급해서요."

사람들은 대개 화장실을 가야 한다거나, 마실 것 좀 가지러 가겠다면서 그 상황을 피하기 마련이다. 어엿한 사업체도 거느리고 있고 가정도 있는 어른이 생리적인 문제로 자신을 통제하지 못한다니 놀라운 일이 아닐 수 없다. 속이 빤히 들여다보이는 말이다. 이런 구태의연한 것 말고, 대화를 멋지게 마무리할 방법은 없을까?

먼저, 자신에게 이렇게 물어라.

1 — '그는 대어인가, 잔챙이인가, 아니면 허접한 장화인가?'

2 — '다시 만나 그에 대해 좀더 자세히 알고 싶은가?'

3 — '어떻게 해야 대화를 말끔하게 정리할 수 있을까?'

그가 당신에게 어떤 존재인지 파악했는가? 그렇다면 그와 앞으로 더 만남을 가져야 할지는 그가 대어인가에 따라 결정된다. 대어를 만났다면 더욱 깊은 만남은 필수적이다.

이를 위해 언제나 좋은 매너를 가지고 접근하는 것은 두말할 필요가 없다. 이렇게 묻는다.

□ "만날 약속을 잡기 위해 연락을 드렸습니다. 괜찮으신지요?"

□ "한 번 더 만나 뵙고 싶습니다. 연락을 드리려고 하는데 명함 한 장 주

실 수 있습니까?"(명함을 받을 때는 반드시 그가 보는 앞에서 명함을 확인하라. 결코 무례한 행동이 아니다.)

□ "시간이 되신다면 언제 연락을 드리는 게 좋을까요?"(날짜를 명함 뒷면에 적는다. 이는 곧 그가 허락한 것을 의미하기 때문에 매우 중요하다.)

□ "시간이 되신다면, 목요일이나 금요일 언제쯤 전화를 드리는 게 좋을까요?"(절대 "목요일에 전화를 드릴까요?" 하고 묻지 말라. 그가 안 된다고 대답할 수 있다. 언제나 선택의 여지를 남겨두어라. 그가 좋은 날짜를 고르거든 명함 뒷면에 받아 적어라.)

□ "제 명함을 드려도 좋을까요?"(상대방의 의견을 묻기도 전에 명함부터 내밀지 말라.)

이런 말에 부정적인 반응을 보일 사람은 없다. 조금도 무례하지 않기 때문이다. 다시 말해 항상 상대방에게 존경심과 좋은 매너를 보여라. 또 강조하지만 절대로 상품을 판매하려고 덤벼들지 말라.

'그렇구나! 하지만?'

|의문| 그래도 그가 부정적으로 나올 때는 어떻게 하지?

|답| 그럴 리가 없다. 그래도 그가 부정적이라면, "알겠습니다. 원하지 않으시면 할 수 없죠. 어쨌거나 함께 이야기를 나눌 수 있어서 더없이 즐거웠습니다. 좋은 시간이 되시기 바랍니다"라고 말하라.

잔챙이를 만났을 경우 반드시 명함을 얻어둘 필요는 없다. 하지만 나중을 생각해서라도 받아두어라. 마케팅을 한다든지 모임에 사람들이 필요한 경우에 유용하게 쓸 수 있다. 함께 이야기를 나눌 수 있어서 즐거웠노라고

말하고 명함을 얻어 파일에 정리해둔다. 정말 필요하다고 느껴질 때가 아니라면 커피 약속은 잡지 않아도 좋다.

쓸 데 없는 장화의 경우는 완전히 다르다. 그 사람들의 명함조차 가질 필요가 없다. 다만 그들이 손수 명함을 주는 경우에는 고맙다며 받아들여라.

이런 식으로 대화를 끝맺는다. 이제 당신은 그의 명함을 가지고 있다. 앞으로 필요한 경우라면 언제든지 약속을 잡아라.

네트워크 모임에 참석한 목적은 달성되었다. 대어와 커피 마실 약속만 잡으면 된다. 성공적인 모임이란 이렇게 이끄는 것이다.

모임을 마무리하는 요령

대화를 마감하면서 '화장실을 가야겠습니다' 는 식의 구차한 변명 따위는 하지 말라. 대화를 적절하게 끝내는 좋은 방법 중 하나는 다음과 같다.

"오늘 저녁 당신과 이야기를 나눌 수 있어서 정말 즐거웠습니다."

즐거웠다는 과거형은 대화를 끝내고 싶다는 뜻을 충분히 전달한다. 당신이 이렇게 말하는데 그의 반응은 다를 수 없다.

"감사합니다. 저도 즐거웠습니다."

그러면 환한 미소와 함께 이렇게 말하라.

"정말 좋았습니다. 남은 시간도 즐거우시기 바랍니다."

그리고 각자 갈 길을 가면 된다.

모임에서 상대방에게 던져야 할 중대한 질문을 기억하는가?
"어떤 전문분야에서 일하는 분이 필요하세요?"

애프터의 힘

이런 질문이 5단계에서 아주 유용할 수 있다고 말한 것이 떠오르는가?

나 : 아까 보험전문가를 한 사람 알았으면 좋겠다고 하셨죠?

그 : 예.

나 : 그렇다면 제가 아는 보험전문가를 소개해드려도 괜찮을까요?

당신이 상대방이라면 자신의 말을 기억해주고 챙겨주는 게 너무나 고맙지 않을까? 보험이 필요해 고민하는데 기꺼이 보험전문가를 소개해주겠다니 말이다. 그의 대답은 십중팔구 이럴 것이다.

"정말 고맙습니다. 일부러 시간을 내주신다니 다시 한번 감사드립니다. 당신과 같은 분을 만나게 되어 더없이 기쁘군요."

대화를 기분 좋고 예의바르게 끝냈으며, 그는 당신에게 상당한 기대를 품지 않았는가. 이제 그는 당신이 소개해줄 대어를 손꼽아 기다릴 것이다.

> ### 5단계 핵심 정리
> 1. 상대방이 대어인지, 잔챙이인지, 아니면 쓸 데 없는 장화인지 확인하라.
> 2. 연락처를 확보하라(물론 당신이 원하는 경우).
> 3. 적절한 마침표를 찍어라. 예를 들면 이렇다. "보험전문가가 필요하다고 하셨죠? 제가 한번 알아봐드리겠습니다."

주인의 마음가짐을 갖자

나의 아내 에마는 내가 본 사람들 중에 최고의 네트워킹 솜씨를 자랑한다. 내 아내라서 하는 말이 아니다. 내가 가르쳤음에도 그녀가 대화를 능수

잘되는 네트워킹, 대어를 잡아라

능란하게 주도하는 것을 보면 깜짝 놀랄 정도다. 자연스럽게 말을 걸면서 상대방을 편안하게 하고, 어색한 분위기를 눈 깜짝할 사이에 바꾸어놓는다. 상대방을 존중할 줄 아는 마음가짐이 빚어내는 솜씨다.

에마는 항상 '주인의 마음가짐'을 강조하곤 한다. 에마가 말하는 주인이란 모임을 주도할 줄 아는 사람이다. 나도 그녀의 의견에 전적으로 동감한다. 주인이란 모임을 주최한 사람 못지않게 책임감과 열정을 가지고 모임을 이끌고 나가는 사람이다. 이런 사람들은 대화에 들고나는 것이 더없이 자연스럽다. 다른 사람들을 서로 소개시켜가며 친근한 분위기를 유도한다. 낯선 사람에게 접근하는 데 조금도 주저함이 없다. 한마디로 모임의 꽃과 같은 사람들은 주인과 같은 당당함과 편안함을 자랑한다.

에마는 참석하는 모임마다 주인 노릇을 한다. 그것은 사람들이 그녀와 이야기 나누기를 즐기는 이유다. 그만큼 편안하게 대해주기 때문이다.

주인의 마음가짐을 지니면 사람들에게 편안하면서도 자신 있게 이야기를 나눌 수 있다고 에마는 강조한다. 서양 속담에도 이런 말이 있지 않은가.

"좋은 첫인상을 심어줄 기회만 잡으면 된다."

주인과 같은 당당함과 편안함, 이보다 더 상대방을 사로잡는 효과적인 첫인상이 어디 있을까?

반드시 기억해야 할 핵심 포인트

인맥을 쌓는다는 것은 자동차를 운전하는 것과 같다고 한 말을 기억하는가? 하나하나의 행위는 어려울 것이 없다. 하지만 모든 것을 물 흐르듯 자연스럽게 하기 위해서는 연습이 필요하다. 요령만 충분히 익히면 기어를 넣고 백미러를 살피며 핸들을 돌리는 것이 자동으로 이루어진다. 앞에서

애프터의 힘

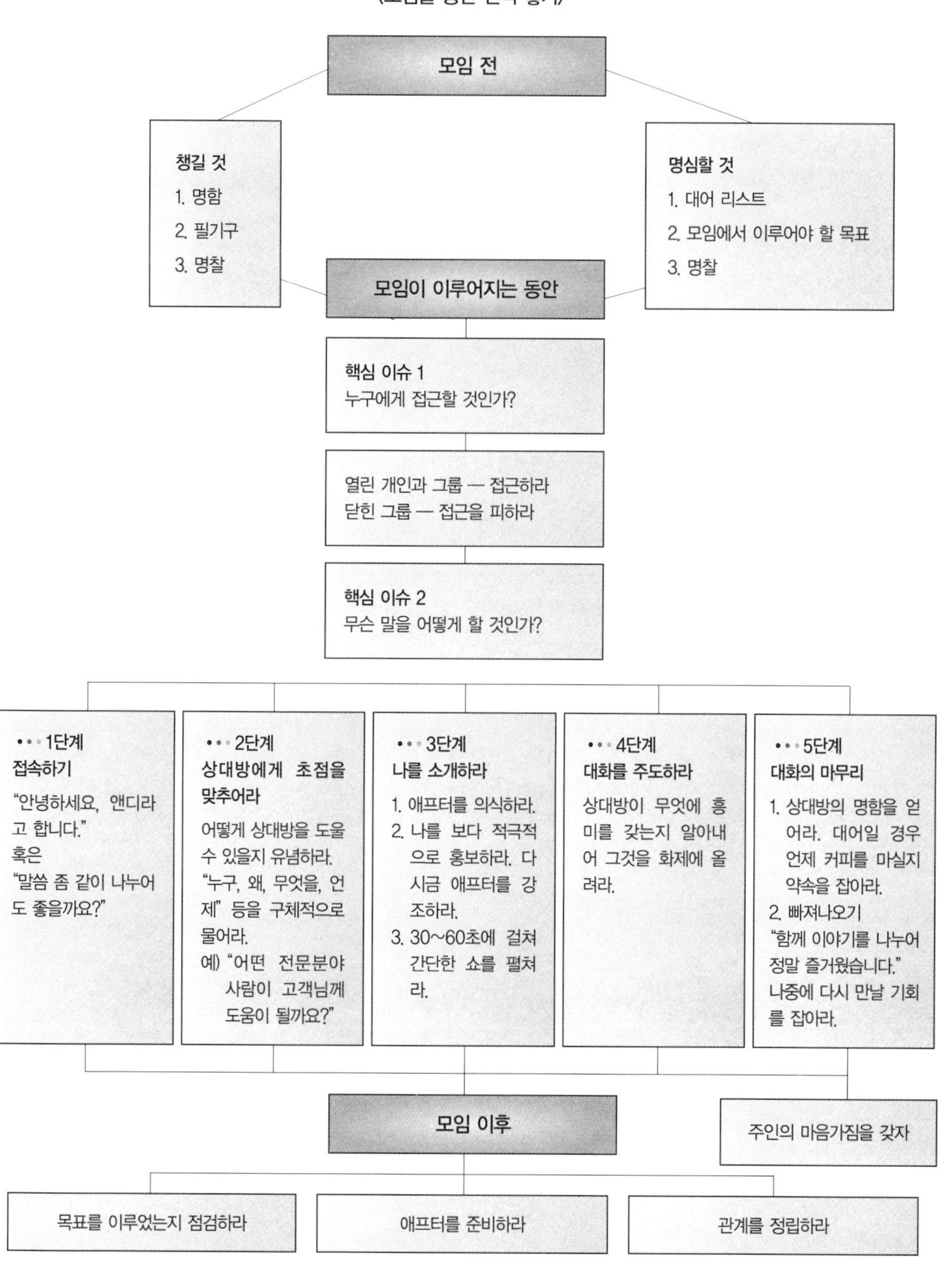

잘되는 네트워킹, 대어를 잡아라

소개한 요령들을 충분한 연습을 통해 자기 것으로 만들자.

앞 페이지 표는 모임에서 기억해야 할 핵심 요령들을 간략하게 정리해본 것이다. 이를 비망록처럼 늘 염두에 두고, 참석하는 모임마다 들고 다니면 큰 도움이 될 것이다.

모임이 끝나면 애프터를 신청하라

절반의 성공, 그 다음을 위하여

모임 이후의 중요성은 아무리 강조해도 부족하다. 지금부터 다룰 것을 따르지 않는다면 인적 네트워크를 쌓기 위한 과정은 시간 낭비일 뿐이다.

모임이 이루어지는 동안 대어와 커피를 나눌 약속을 잡자고 했다면 절반의 성공일 뿐이다. 실제로 연락하지 않는다면 모임에서 얻어낸 것은 아무것도 없다.

지금부터 설명하는 것은 당신이 어떤 일을 하든 누구와 만나든 실행에 옮기기 어려운 것이 아니다.

모임에서 목표를 이루었는지 평가하자

모임에서 원하는 목표를 이루었는지 스스로 평가해보라. 집으로 돌아가는 동안 자신에게 이렇게 물어라.

'오늘 저녁 나는 목표를 달성했는가?

다음 질문들은 그 성취 정도를 살펴보는 데 도움이 될 것이다.

□ 계획한 것을 실행에 옮겼는가?

□ 손님 명단을 보고 최고의 대어로 꼽은 사람을 만났는가?

□ 이룬 목표가 너무 낮은 것은 아닌가? 다음에는 좀더 높이 잡아야 하지
는 않을까?

□ 목적을 이루지 못했다면 그 원인은 무엇인가? 목표가 너무 치졸했던
것일까? 아니면 내가 할 수 있는 능력을 마음껏 발휘하지 못했는가?

집으로 돌아가는 길에 이런 생각을 해보는 것은 어느 쪽이든 도움이 된
다. 목적을 이룬 경우에는 느긋하게 그 기쁨을 즐길 수 있으며, 다음에는
어떻게 더 나은 결과를 얻어낼지 계획할 수 있다.

계획을 실천하라

대어를 낚기 위해 당신은 정말 많은 노력을 기울였다. 인적 네트워크를
쌓기 위해 지켜야 할 법칙들을 고스란히 지켰으며, 목요일이나 금요일쯤
전화를 걸어 커피 약속까지 잡기로 했다.

자, 이제 당신은 목요일이나 금요일에 정말 전화를 걸어 약속을 잡아야
한다. 하지만 이것처럼 신경을 곤두서게 만드는 것도 없다. 별의별 생각이
뇌리를 스치고 지나간다.

'그처럼 대단한 사람이 정말 나를 만나고 싶어할까?

'장담하지만 내 이야기를 들을 시간이 없을 정도로 바쁠 거야.'

'아무래도 몇 가지 근사한 서류를 더 준비하는 게 좋겠어. 그러자면 주말
내내 매달려야 할 텐데……. 다음주 월요일 정도에 연락하는 게 좋겠군.'

아니다. 절대로 아니다. 당신은 원래대로 계획을 실행에 옮겨야 한다.

BNI의 창립자이자 '네트워킹의 권위자'라고 불리는 이반 미즈너 박사는 2,000여 명에 이르는 기업가들을 대상으로 설문조사를 했다. 효과적인 만남을 위해 갖추어야 할 특성들을 망라한 목록을 보여주고 무엇이 가장 중요한지 물었다. 그러자 그들은 한결같이 '실행에 옮기는 추진력'을 먼저 꼽았다.

효과적인 네트워킹이란 생산적인 비즈니스 관계를 만드는 데 필요한 모든 것을 요구한다. 말한 것은 반드시 실행에 옮겨야 한다. 목요일이나 금요일에 대어에게 꼭 전화를 걸어라.

통화는 오래 걸리지 않도록 한다. 전화를 거는 목적은 함께 커피 마실 약속을 잡는 것이다. 그러므로 통화 내용은 간단할수록 좋다.

□ 당신이 누구이고 어디서 만났는지 환기시키자.
□ 목요일 혹은 금요일에 전화를 걸겠다고 약속했던 것을 떠올리게 하자.
□ 커피 마실 시간을 갖자는 데 동의했던 것을 기억시키자.
□ 언제 만나 이야기를 나눌지 약속을 정하자.

아울러 통화는 1분을 넘기지 않도록 하자. 통화의 유일한 목적은 함께 여유롭게 커피 마시며 이야기할 약속을 잡는 것임을 잊지 말라. 거듭 말하지만 전화기를 오래 붙들고 있어서는 안 된다.

통화 내용은 다음과 같은 것이 좋다.

□ "안녕하세요, 밥! 앤디 바운즈입니다. 월요일 저녁 지역 모임에서 뵈었죠?"
□ "오늘이나 내일 전화 드리기로 한 거 기억하세요?"

□ "모임에서 대화가 끝날 때 언제 만나 커피 한 잔 같이 하기로 한 것 기억하세요?"

□ "다음주 언제가 가장 좋을까요? 화요일이나 수요일이면 괜찮으시겠어요?"

물론 이런 통화는 백만 가지도 넘게 달리 연출할 수 있다. 하지만 중요한 것은 요점만 간결하게 말하는 것이다.

'모임에서 만났다, 다음주에 만나 커피 한 잔 하며 이야기를 나누자.'

통화는 이 두 가지만 확실하게 하면 된다.

관계를 정립하라

"건너편 정원이 항상 더 푸르게 보인다."

이런 말 들어보았는가? A라는 회사에서 그토록 일해보고 싶었는데, 꿈에 그리던 회사였는데 지금 당신은 B라는 회사에서 일하고 있다. 정말 A에서 일하면 그렇게 좋을까?

이반 미즈너와 나는 말레이시아의 수도 쿠알라룸푸르에서 열린 한 국제 회의에서 발표를 준비하고 있었다. 그때 그는 내게 뜻 깊은 말을 했다.

"건너편 정원이 항상 더 푸르러 보인다네. 하지만 결국은 자네가 물을 주는 정원이 가장 푸른 법이지."

맞는 말이지 않은가. 인맥을 쌓기 위해 나비처럼 이곳저곳 기웃거리는 것은 쉽다. 하지만 그렇게 해서는 지속적이고도 생산적인 관계는 맺어지지 않는다. 6개월 동안 한 모임의 회원으로 활동하고는 시들해진 당신은 이런 생각을 할 수 있다.

잘되는 네트워킹, 대어를 잡아라

'뭐, 별 거 아니잖아. 더 푸른 정원은 없을까? 더 큰 모임에 참여해보는 건 어떨까?'

3개월 뒤 다시 당신은 투덜댄다.

'여기도 별 수 없네. 더 푸른 정원을 찾아가야겠어.'

다시 3개월이 지났다. 이런 식으로는 될 것도 안 된다.

이반 미즈너가 강조하고 싶었던 핵심은 역설적으로 당신이 거름과 물을 주며 가꾸는 관계가 가장 풍요로운 결실을 낳는다는 것이다. 당신이 대어와 함께 이야기를 나누었다면 이는 오래 이어지는 좋은 관계의 출발이어야만 한다. 늘 물을 주고 보살피는 정원은 가장 푸르른 정원이 될 것이 분명하다.

이를 위해서는 힘닿는 한 아낌없이 상대방을 도와야 한다. 커피를 마실 때 어떻게 하면 도울 수 있는지 물어보라. 당신이 참여하고 있는 다른 모임에 그를 초대하는 것도 좋은 방법이다. 당신이 가지고 있는 노하우를 나누어주어라. 그가 불안해하고 자신 없어 할 때는 올바른 방향으로 이끌어주어라. 아무것도 문제될 것은 없다. 그를 도울 수 있는 바로 그것을 하라.

이것이 좋은 관계를 유지하는 초석이기 때문이다. 이렇게 하면 서로 도움을 아끼지 않게 된다. 물론 당신이 먼저 그에게 도움의 손길을 내미는 것이 중요하다.

2004년, 나는 미국 캘리포니아에서 열린 한 국제회의에 참석한 일이 있었다. 그때 나는 한 강사로 인해 깊은 충격을 받았다. 니리 페이틀이라는 이름의 그의 강연은 정말 탁월했다. 청중은 그의 강연에 흠뻑 빠져들었다. 기립박수가 쏟아졌다. 한 시간에 걸친 그의 강연이 끝나자 거의 10분 동안 박수가 이어질 정도였다. 나는 마침 그 자리에 참석해 그의 강연을 들을 수 있었던 것이 좀처럼 누리기 힘든 특권을 맛본 기분이었다. 그의 강연은 내 평생 듣고 보았던 강연들 중에서 최고였다.

당시 나는 니리와 아는 사이가 아니었다. 그의 이름을 들어본 정도였다. 강연을 듣고 그가 말한 정보로 많은 도움을 받은 나는 이제는 내가 그를 도울 차례라고 생각했다.

그래서 나는 그에게 추천장을 써주기로 마음먹었다. 프레젠테이션을 통해 기업이 보다 많은 성과를 올릴 수 있도록 도와주느라 세계 각지에서 열리는 국제회의에 참석하고 있다고 내 직업을 설명했다. 기업들이 덕분에 많은 돈을 벌 수 있었다는 말도 잊지 않았다. 하지만 평생 이 분야에서 일해오면서 당신과 같은 탁월한 솜씨는 보지 못했다는 내 말에 니리는 몸 둘 바를 몰라 했다.

니리는 나 같은 사람에게서 추천장을 받으리라고는 전혀 예상하지 못했던 것이다. 하기야 그는 나를 잘 모르지 않는가. 당시 나는 그의 강연을 들은 250명 중 한 명이었을 따름이다.

하지만 니리는 나의 제안을 정말 기뻐하며 받아들였다. 또 그는 자신이 어떻게 나를 도울 수 있을지 물었다. 나는 대가를 바라고 하는 일이 아니라고 거듭 강조했다. 내가 해야 마땅한 일을 하는 것일 뿐이라고 다짐한 것이다. 그리고 우리는 웃으며 헤어졌다.

그로부터 얼마 뒤 그는 영국 요크셔에서 그의 고객들을 상대로 워크숍을 하는데, 내가 참가할 수 있는지 물어왔다. 나는 그의 제안을 흔쾌히 받아들였다. 워크숍은 대성공이었고, 나는 적지 않은 명성을 얻었다. 니리와 나는 멋진 사업 파트너가 된 것이다.

너무도 고마웠던 나는 내가 아는 많은 사람들에게 니리를 소개해주었다. 물론 그의 사업에 큰 도움을 줄 수 있는 인물들이었다. 그 결과 니리의 사업은 하루가 다르게 번창했다.

잘되는 네트워킹, 대어를 잡아라

　지금 우리는 아주 절친한 친구로 지내고 있다. 내 아이들은 니리의 작은 딸 홀리를 무척 귀여워한다. 에마도 니리의 아내 캐서린과 무척 가까운 사이가 되었다.

　그런데 니리를 처음 만났을 때 내가 모르는 것이 있었다. 그는 건강문제에 관한 한 세계적인 권위를 자랑하는 인물이었던 것이다. 작년 초에 그를 만났을 때 나는 36세의 나이에 체중이 130킬로그램에 가까웠다. 그런데도 나는 그다지 심각하게 받아들이지 않았다. 그런 나를 보고 니리는 과도한 체중으로 인해 척추에 부담이 많이 가고 있다고 진단했다.

　그것은 대단한 충격이었다. 내 평생 처음으로 체중을 줄여야 한다고 절감한 순간이었다. 나는 그가 말하는 모든 것을 따랐다. 니리는 편지로 끊임없이 내 상황을 체크했다. 그 결과 18개월이 지나자 나는 체중의 3분의 1을 줄일 수 있었다. 지금의 나를 보면 그때 내가 그렇게 과체중이었는지 믿기 어려울 정도다.

　그때 나는 지나치게 뚱뚱했다. 니리의 도움과 안내 그리고 지지가 없었더라면 나는 체중을 줄이지 못했을 것이다. 내가 그에게 늘 감사하는 이유는 여기에 있다. 그의 조언을 듣기전, 나는 몸무게로 인한 부작용을 조금도 개의치 않았다. 먹고 싶은 대로, 마시고 싶은 대로 즐겼다. 그 결과가 비만해진 몸이었다. 니리를 만나는 행운이 없었다면, 니리의 조언이 아니었다면 나는 체중을 줄일 생각조차 하지 않았을 것이다.

　우리가 좋은 친구가 아니었던들 나는 체중을 줄이지 못했을 것이다. 내가 몇 년 전 니리를 위해 추천장을 쓰겠다고 나서지 않았던들 우리는 좋은 친구가 되지 못했으리라. 이렇게 한 번 맺은 좋은 인연이 내 인생을 긍정적인 방향으로 바꾸어놓은 것이다. 대단한 일이 아닐 수 없다.

　이렇듯 누군가를 도우면 내 인생이 바뀌는 놀라운 경험을 할 수 있다.

애프터의 힘

디테일, 사소하지만 특별하다

허리를 똑바로 펴라

자세는 우리의 첫 인상을 결정짓는 아주 중요한 요소다. 자신감에 차 있는 당당한 모습은 당신을 빛나게 한다. 그런데 의외로 이를 잘 의식하지 못하는 사람들이 많다.

불안에 떨며 초조해하는 사람을 보면, 우리는 으레 그가 별 볼 일 없는 일을 하고 있으리라고 단정한다. 물론 선입견임에는 틀림없다. 하지만 그런 인상이 가져오는 결과는 피할 길이 없다.

□ 시선을 상대방에 맞추어라.

□ 가슴을 쭉 펴고 될 수 있는 대로 똑바로 서라.

□ 의식적으로 큰 걸음으로 걸어라.

□ 미소를 잊지 말자.

□ 턱을 상대방과 나란히 하라.(정면을 응시하는 인상을 준다. 턱을 아래로 떨어뜨리고 있으면 어딘지 소극적이고 근심이 많은 것처럼 보인다. 반대로 턱을 위로 치켜뜨면 몹시 냉정하고 거만해 보인다. 따라서 대화를 나누는 상대방과 턱이 나란히 평행을 이루는 것이 좋다.)

대화시간은 어느 정도가 좋을까?

앞서 우리는 목표를 세우는 것이 얼마나 중요한지 살펴보았다. 당신의 목표가 다섯 사람을 새로 알게 되는 것이고, 모임은 한 시간 남짓에 불과하다면 한 사람과 보내는 시간은 10~12분보다 길어져서는 안 된다. 적어도 목표를 유념한다면.

그러므로 한 사람과 대화를 나누는 최장 시간은 10분으로 제한하는 것이 좋다. 그보다 적으면 결속이 충분하지 못하다고 느낄 수 있고, 그보다 길면 당신이나 상대방이 대화를 빨리 끝내고 싶어 초조해 할 수 있다.

모임에는 몇 시쯤 가야 할까?

모임이 6시부터 8시까지 계획되어 있다면 5시 45분쯤 도착하는 것이 좋다. 그러면 당신은 아마도 일찍 온 사람들 중 한 명이리라. 아니면 아예 늦게 가서 7시쯤 도착할 수도 있다.

모임에 일찍 가면 주인처럼 행동하는 데 도움이 된다. 사람들과 편안하게 이야기를 나눌 수 있으며, 새로 들어오는 사람마다 환영의 말을 건넬 수 있다. 다시 말해 이미 사람들이 대화에 열중하고 있는 데 들어서서 어떻게든 주목을 끌어보려고 노력할 필요가 없다.

그런데 어느 모임이든 처음 몇 분 동안은 혼란스럽기 마련이다. 사람들이 우왕좌왕하면서 될 수 있는 한 많은 사람들과 이야기를 나누려고 하기 때문이다. 내 경우에는 처음 10분 동안 온갖 종류의 장화에 둘러싸여 있는 것만 같다. 마치 명함을 면전에 들이대듯 하면서, 자신이 하는 일이 무엇이고 어떤 상품을 파는지 묻지도 않았는데 지껄이기에 바쁘다. 그러다가도 언제 그랬냐는 듯 다음 희생자를 향해 돌진하기 일쑤다. 숨이 막힐 정도다.

신참이라면 모임에 일찍 가서 분위기를 익히는 것이 좋다. 사람들이 가득 들어선 방에 쭈뼛거리며 들어가는 것보다 한결 더 편안하게 이야기 나눌 수 있기 때문이다. 하지만 이미 모임에 익숙한 경우라면 차라리 나중에 가서 초반의 혼잡을 피하는 것이 더 낫다.

그 분야의 최고를 본받아라

어떤 일을 배우는 데 가장 빠르고 쉬운 길은 그 분야의 걸출한 대가를 본받는 것이다. 골프를 잘 치는 것이 소원인가? 그렇다면 타이거 우즈를 본받아라. 인맥을 쌓는 것에도 마찬가지다. 모임에서 발군의 실력을 발휘하는 사람을 찾아 그 솜씨를 배워라.

다만 선택의 시기를 잘 잡아야 한다. 비교적 한가한 틈을 노려 이야기를 나누는 것이 좋다.

내 경험으로 미루어보면 이야기를 나눌 가장 좋은 상대는 처음에 네트워킹을 힘들게 생각했다가 그 요령을 터득한 사람이다. 이런 사람은 처음 힘들었을 때부터 지금까지 모든 과정을 설명해줄 수 있다.

나는 20대 초반에 비슷한 경험을 했다. 당시 내 책상은 그야말로 뒤죽박죽이었다. 무슨 일을 하든 언제나 난장판이었다. 여기저기 널려 있는 서류들, 온갖 파일 뭉치들……. 카오스 그 자체였다. 그러지 말아야 한다는 것을 알면서도 도무지 깔끔하게 정리할 수가 없었다. 나는 주변의 많은 사람들에게 충고를 구했다. 하지만 나는 한 가지 결정적인 실수를 했다. 내가 물어본 사람들은 대개 깔끔한 성격을 타고난 사람들이었다. 어떻게 그렇게 깔끔할 수 있냐고 물어보면 대답은 이랬다.

"그냥, 그저 깔끔한 게 좋지 뭐."

결국 내게는 별 도움이 되지 않았다.

나를 도와 정리하는 습관을 갖게 해준 사람은 한 여성이었다. 그녀는 과거에는 나보다 더 털털한 성격이었으나 시간이 가면서 정리정돈 비법을 찾

잘되는 네트워킹, 대어를 잡아라

아냈다. 나는 그녀의 도움을 받아 열심히 노력한 결과 이제는 힘들이지 않고도 언제나 깔끔하게 정리할 수 있게 되었다.

이렇듯이 스승을 구하는 데에도 신중해야 한다. 당신과 생각을 공유할 수 있는 사람을 찾아라. 당신이 가지고 있는 어려움을 이해하지 못하는 사람은 아무것도 가르칠 수 없다.

어떤 옷이 어울릴까?

옷 입는 문제는 전적으로 모임의 성격에 달려 있다. 일반적으로 말하면 옷차림에 무심한 것보다는 조금 더 차려 입는 것이 훨씬 좋다. 다시 말해 어떻게 입어야 좋을지 잘 모를 때는 좀더 멋을 부려라. 보다 나은 것은 모임의 주최 측에 정장이 좋을지, 아니면 편안한 캐주얼 복장이 좋을지 물어보는 것이다.

언젠가 나는 공식만찬이 아닌 친목모임에 디너 정장을 하고 넥타이까지 단정하게 맨 신사를 본 일이 있다. 나중에 알고 보니 그날 저녁에 다른 모임이 또 있었다고 한다. 하지만 처음 그를 보았을 때 나는 도어맨을 보는 것만 같아 웃음을 참을 수가 없었다.

네트워크 전문가들은 모임에서 돋보이려면 가장 중요한 고객처럼 보이게 입으라고 충고한다. 다시 말해 당신이 건축업에 종사한다면 정장보다는 회사 로고가 새겨진 깨끗한 근무복을 입는 게 훨씬 낫다는 것이다.

음료수는 무엇이 좋을까?

믿거나 말거나 이것은 내가 항상 던지는 질문이다. 하기야 내가 주로 활동하는 영국에서는 맥주를 마시는 것이 전국민적인 오락 아닌가. 하지만 이 물음에 할 수 있는 답은 아주 간단하다.

'언제나 다른 사람보다 적게 마셔라.'

모든 사람들이 세 잔의 와인을 마신다면 당신은 두 잔 정도 마시는 것이 적당하다. 다섯 잔이나 비우고 고래고래 노래를 불러댄다면 당신은 끝장일 수도 있다. 가장 좋은 방법은 아예 술에 입을 대지 않는 것이다. 그것이 가장 안전하다.

두려움과 불안감은 버려라

스티브 에번스는 내가 지금껏 만나본 사람들 가운데 가장 멋진 사람이다. 2005년 한 국제회의에서 그를 처음 만났다. 중간 휴식 때 대화를 나누고 나서 나는 그가 정말 훌륭한 남자임을 알았다. 그는 영국 수영 대표선수로 올림픽에 출전했으며, 러시아 상트페테르부르크에서 모스크바까지 자전거 일주를 했고, 뛰어난 명성을 자랑하는 사회자이기도 하다. 그는 또 20년 이상 피아노 조율 사업을 이끌어 왔다.

그런데 스티브 역시 앞을 보지 못한다. 스티브를 처음 만났을 때, 그는 안내견 태즈와 함께 방 모서리에 홀로 서 있었다. "멍멍! 컹컹!" 태즈의 열광적인 환영 인사가 끝나자 스티브는 내게 자신의 새로운 사업에 관해 이야기했다.

"당신의 비전이 곧 저희의 통찰입니다."

참 멋진 카피 아닌가. 고객 서비스의 새로운 차원을 열어주는 데 초점을 맞춘 이 사업은 스티브만의 독특한 노하우에 바탕을 둔 것이다. 조건을 만족시키는 고객들에게 최상의 서비스를 제공하는 사업 모델이다.

첫 만남 이후 나는 스티브와 그의 사랑스러운 아내 캐서린과 무척 가까워졌다. 우리는 서로 좋은 친구가 된 것이다. 최근 스티브와 나는 네트워크를 쌓는 모임에 관해 이야기를 나누었다.

나는 어머니로부터 시각장애인은 듣는 소리에 따라 어떤 태도를 취할지 결정한다는 것을 익히 들어 알고 있었다. 하지만 사람들이 떠들썩하게 대화를 나누는 모임은 그야말로 온갖 소리의 덩어리가 아닐 수 없다. 이런 경우 나는 시각장애인들이 몹시 혼란스럽겠다고 짐작했다. 더구나 그룹에 접근하는 방법을 다룬 이 장은 사람들과 시선을 맞추는 것이기에, 그들에게는 전혀 도움이 되지 않을 게 아닌가.

그런데 스티브는 깜짝 놀랄 만한 이야기를 들려주었다. 그가 처음 모임에 참가했을 때, 사람들과 이야기를 나누는 게 몹시 두려웠다는 것이다. 한참 이야기하고 있는데 상대방이 슬쩍 사라져버리면 앞을 볼 수 없는 그로서는 그런 낭패가 없지 않느냐는 말이었다. 듣고 보니 그 난처함이 내 것처럼 느껴졌다. 두려움을 이길 수 없었던 스티브는 아예 모임을 피하기로 마음먹었다고 했다.

이 문제를 풀어준 사람은 그의 아내 캐서린이다. 그녀는 남편에게 이렇게 말했다.

"좋아요. 말도 없이 사라질 정도로 무례한 사람이라면 상대할 이유가 없잖아요. 사람들이 그러지 않을 거라고 믿는 도리밖에 없어요. 버르장머리 없이 슬쩍 사라질 사람이라면 신경조차 쓰지 말아요."

이런 충고야말로 스티브가 절실하게 필요로 한 것이었다. 스티브는 불현듯 자신이 두려워한 최악의 경우가 사실은 그의 인생에서 뻔뻔하고 무례한 사람들을 깨끗이 청소해버릴 수 있는 기회임을 깨달았다고 했다. 오히려 그런 기회를 적극 활용해야겠다고 생각한 것이다.

애프터의 힘

이후 스티브는 많은 모임에 당당하게 참여해 그가 가진 재능을 마음껏 발산하고 있다. 자신의 그룹을 주도하는가 하면, 사람들에게 네트워킹은 어떻게 해야 하는지 가르치고 있다.

나는 이 이야기를 듣고 깊은 감명을 받았다. 나는 앞을 보지 못하는 이들과 이야기 나눌 때 절대로 몰래 사라지지 않을 것이다. 당신도 그러지 않으리라 확신한다. 사실 그럴 정도로 무례한 사람은 없으리라는 것을 잘 알고 있다.

하지만 스티브가 실제로 일어나지 않을 것을 두려워한 그 마음도 우리는 충분히 이해할 수 있다. 사실 나 역시 비슷한 경험을 한 적 있다. 몸무게가 130킬로그램이나 나가던 시절, 나는 모임 장소에 들어서기가 몹시 두려웠다. 사람들이 나를 보고 '저 사람 너무 뚱뚱하잖아!' 하고 생각할까봐 겁부터 났다. 하지만 누구도 그러지 않았으리라고 믿는다. 나는 생각을 바꾸어 사람들이 내가 다른 사람을 돕는 멋진 친구라고 여기고 있다고 나 자신에게 다짐했다.

이렇듯이 우리의 두려움은 언제나 생생하지만 거기에 시간을 허비할 이유는 조금도 없다.

한 탄산음료의 광고 문구에 이런 표현이 있다.

"까짓것 더 나쁜 일이야 있겠어요?"

내가 보기에 이 문구는 어떻게 해야 두려움을 이겨낼 수 있을지, 그 마음가짐을 압축해서 보여주는 결정판이다. 스티브의 경우 그가 가진 두려움은 이야기를 나누는 도중에 상대방이 사라지면 어쩌나 하는 것이었다. 하지만 이렇게 다짐해보자.

'까짓것 나쁜 일이 일어난들 어때!'

최악의 경우 역시 알고 보면 그다지 나쁠 게 하나도 없음을 깨달을 것이

잘되는 네트워킹, 대어를 잡아라

다. 버르장머리 없는 사람이 사라진다고 한들 당신 인생에 무슨 영향이 있겠는가.

마찬가지로 누군가 나를 보고 뚱뚱하다고 한들 무슨 나쁜 일이 더 일어나겠는가. 시각장애인과 대화를 나누는 도중에 사라진다거나 뚱보라고 놀리는 사람은 그가 누구든 쓸 데 없는 장화로 치부하면 그만이다.

<두려움을 다스리는 표>

내가 가진 두려움	무슨 나쁜 일이 더 일어날까?

다른 사람에게 그의 사업이 어떤지 관심을 가져주었음에도 당신 자신의 사업에 관해서는 아무것도 묻지 않을까 걱정되는가? 그럴 때 나올 수 있는 최악의 결과는 상대방이 예의범절도 모르는 무뢰한일 따름이다. 그런 쓸

애프터의 힘

데 없는 장화와 왜 시간을 허비하는가? 다시는 그런 사람과 만나지 말라. 위 표는 이처럼 두려움의 정체를 밝혀 즉각 제거할 수 있게 만들어준다.

그리고 모임에서는 누구나 초조해하고 불안한 마음을 가지고 있다는 사실을 잊지 말라. 때로 어색하고 불편하게 느끼는 것은 당신만 그런 것이 아니다.

지금 나는 어디에 있는가?

앞서 나는 조지와 메리에 관한 이야기를 한 적이 있다. 메리에게 보석을 사주려고 서점 안에서 헤매던 조지를 떠올려보라.

이 이야기를 한 목적은 A로 가득 찬 곳에서 B를 찾는 게 얼마나 무모하고 허망한 짓인지 강조하기 위해서였다. 서점에서 보석을 찾지 않는 것처럼, 대어라고는 눈을 씻고 봐도 없는 곳에서는 대어를 찾지 말아야 한다. 다시 말해 있어야 할 올바른 장소에 있어야 당신은 대어를 낚을 수 있다.

회계사로 일하던 시절 우리 회계사들은 다음과 같은 농담을 즐겼다.

"왜 저 회계사는 저리도 바삐 뛰어다니는 거야?"

"왜냐고? 작년에도 그랬거든."

물론 당신은 이 농담을 듣고 어처구니없어 실소를 머금을지 모르겠다. 하지만 회계사들에게는 언제 들어도 즐거운 농담이다.

이 농담 섞인 이야기처럼 사업가들은 종종 늘 같은 모임을 되풀이해서 찾아다니느라 바쁘다. 이전에 그런 모임에서 한 번도 대어를 만나본 적이 없으면서도……. 그저 습관처럼 반복하는 것이라고나 할까.

"왜냐고? 작년에도 갔잖아."

이래서는 절대 안 된다. 어제와 같은 오늘이어서는 안 된다. 당신은 지금 성공하기를 원한다. 그렇다면 그 길을 가야 한다. 만약 당신이 변호사들과 인맥을 쌓기 원한다면 그들이 들끓는 곳으로 가라.

□ 변호사 친목 모임

□ 법률 관련 모임

□ 연례 만찬 모임

□ 네트워킹 클럽

□ 법률상담 이벤트

□ 관련 모임

□ 변호사들이 즐겨 찾는 레스토랑

□ 그밖에도 변호사들이 자주 가는 곳

당신에게 변호사 인맥이 필요하다면 위와 같은 모임에 가능한 한 많이 초대받도록 하라. 여러 전문 직종 사람들이 섞인 모임이라면 참가하기 전에 변호사들이 그곳에 참가하는지 물어보는 것도 좋은 방법이다.

> **핵심 정리**
>
> 이전의 경험으로 미루어 생산적인 접촉이 이루어지지 않는 모임은 피하라.
> 될 수 있는 한 많은 대어를 만날 수 있는 모임을 적극적으로 찾아라.

3

그가 원하는 것,
그것을 주어라

AFTER

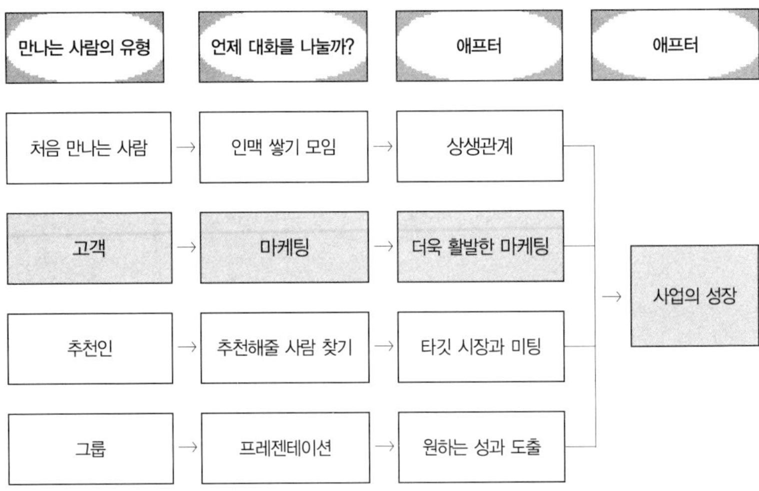

만나는 사람의 유형
언제 대화를 나눌까?
애프터
애프터
처음 만나는 사람
인맥 쌓기 모임
상생관계
고객
마케팅
더욱 활발한 마케팅
추천인
추천해줄 사람 찾기
타깃 시장과 미팅
그룹
프레젠테이션
원하는 성과 도출
사업의 성장

"전문가를 고용하는 게 비싸다고? 그러면 아마추어를 고용하라."　　　— 레드 어데어

마케팅 관련 업무를 하는 사람일수록 쓸 데 없는 이야기를 너무 많이 한다. 고객에게 끈적거리는 젤리를 마구 뿌린다고 할까. 누군가 걸려들었으면 하는 바람에서…….

당신이라면 끈적거리며 달라붙는 것을 보고 싶지 않을 것이다. 입장을 바꾸어 당신이 온갖 정보를 들이대면서 상대방에게 구매를 강요하고 있다면? 부끄러워 낯을 들 수 없을 것이다. 서글픈 일이지만 많은 사람들이 이런 실수를 저지르고 있다.

당신이 지금 웹사이트가 필요해 한 웹디자이너와 상담하고 있다고 가정해보자. 당신은 이렇게 물을 것이다.

"어떻게 해주실 수 있나요?"

웹디자이너의 대답은 흔히 영업자들이 하는 그대로일 것이 분명하다. 무슨 연대기라도 읊듯 보따리를 풀어놓을 게 틀림없다. 자신이 누구인지 소개하는 것부터 시작해서 언제 무슨 일을 했고, 어떤 업적이 있는지 장황하게 떠벌린다. 다음은 흔히 들을 수 있는 장광설이다.

1 — "우리는 고객님을 위해 웹사이트를 만들어 드립니다."(이게 무슨 말일까?)

2 — "이로써 고객님은 인터넷을 사업에 활용합니다."(이게 무슨 말일까?)

3 — “저희는 전 세계적으로 이름을 알리고 있습니다.”(이게 무슨 말일까?)

4 — “잠재적인 소비자는 고객님에 대해 좀더 알고 싶어합니다.”(이게 무슨 말일까?)

5 — “잠재적인 소비자는 멋진 웹사이트에 강한 인상을 갖습니다.”(이게 무슨 말일까?)

6 — “경쟁사 웹사이트보다 더 나아 보이기 때문입니다.”(이게 무슨 말일까?)

7 — “잠재적인 소비자는 경쟁사보다 고객님께 더 많은 구매 욕구를 갖습니다.”(이게 무슨 말일까?)

8 — “매출이 엄청나게 늘어날 것입니다.”

그야말로 세일즈 담당자들이 하는 전형적인 말이다. 여기에는 온통 끈적끈적한 젤리로 가득 차 있다. 도대체 이런 식으로 무엇을 할 수 있을까? “우리는 고객님을 위해 웹사이트를 만들어 드립니다”라고? 그것은 이미 알고 있는 것 아닌가. 진부한 말을 되풀이해서야 어떻게 고객이 사고 싶은 마음이 들겠는가.

위 예를 다시 읽고 이렇게 자문해보자.

'내가 고객이라면 어떤 말이 가장 흥미롭게 들릴까?

아마도 8번 “매출이 엄청나게 늘어날 것이다”가 아닐까? 그 다음으로 그럴싸하게 들리는 말은? 7번 “경쟁사보다 더 많은 구매 욕구를 불러일으킬 수 있다.”

이런 식으로 고객 입장이 되어 위의 말들에 순위를 매겨보자. 그러면 감흥을 끌지 못하는 말은 분명 1번일 것이다.

아무리 그럴싸하게 말해도 진부한 것은 진부한 것이다. 고객의 마음을 움직일 수 없는 쓸 데 없는 말일 뿐이다. 입에서 나온 첫 마디부터 끈적거려서야 되겠는가.

당신이 웹사이트를 판매한다고 생각해보라.

□ 웹사이트를 만듭니다.

□ 회사는 몇 년에 설립했습니다.

□ 전국 각지에 여러 개의 점포망을 가지고 있습니다.

□ 제 직함은 영업담당 매니저입니다.

□ 현재 생산력은 어느 정도입니다.

□ 우리는 이러저런 분야에서 뛰어난 기술력을 자랑합니다.

□ 제 이력은 다음과 같습니다.

□ 회사에 입사할 때 우리는 이런 선서를 합니다.

당신도 분명히 이런 말들을 입에 올릴 것이다. 나는 '상품 판매 전략' 이라는 프로그램을 개발하면서, 많은 세일즈 담당자들이 이런 구태의연한 틀을 벗어나지 못하고 있음을 확인했다.

이런 식으로는 고객의 마음을 사로잡을 수 없다. 당신의 입에서 나오는 첫 마디, 곧 첫인상이 끈적거려서야 되겠는가. 따라서 가장 중요하면서도 상대방이 흥미롭게 여길 만한 것을 말해야만 한다. 앞서 살펴본 문장들을 역순으로 이야기하는 것이다.

□ 매출이 늘어나도록 돕겠습니다. ― 그 방법

□ 잠재적인 소비자들이 경쟁사보다 고객님에게서 더욱 사고 싶도록 만

그가 원하는 것, 그것을 주어라

들겠습니다. ─ 그 방법

□ 경쟁사보다 훨씬 멋지게 보이도록 만들어 드리겠습니다. ─ 그 방법

□ 멋진 웹사이트로 고객들에게 더욱 깊은 인상을 심어드리겠습니다.
　　─ 그 방법

이런 식이 훨씬 낫다. 달리 말해 처음에는 성과를 강조하는 식으로 이야기를 풀어라. 상대방에게 어떤 애프터를 제공하겠다는 다짐을 심어줌으로써 매출이 늘어나도록 만드는 것이 중요할 뿐 당신이 웹사이트를 만드는 게 중요한 것은 아니다. 바로 이것이 효과적인 상품 판매를 위한 핵심 전략이다.

> 고객에게 해주어야 할 가장 흥미롭고 중요한 말은 당신이 어떤 애프터를 제공할지 약속하는 것이다.

고객은 애프터를 원한다

마케팅의 기본은 애프터

나는 어디를 가나 상품 판매 전략을 강조하곤 한다. 상품 판매 전략의 핵심은 고객이 원하는 것, 특히 고객이 당신의 도움으로 자신의 애프터에 무엇인가 변화를 주는 것이다.

117, 118페이지는 상품 판매 전략을 요약한 것으로, 애프터가 왜 중요한지 압축해서 보여준다.

고객이 진정 원하는 것은 무엇인가?
적절한 가격인가, 아니면 감성적인 도움인가?

"하지만 놀랍게도 이 점을 자각하고 판매 전략에 활용하는 사람은 거의 없다."

당신의 사업이 무엇인가보다 고객에게 어떤 이득을 줄 수 있는가에 초점을 맞추어야 한다. 훌륭한 사업가는 언제나 자신이 무슨 일을 하는가보다 누구에게 어떤 이득을 줄 수 있는가를 먼저 생각한다. 하지만 이 점을 자각하고 판매 전략에 활용하는 사람은 거의 없다.

왜 애프터가 그렇게 중요한 걸까? 그 답은 다음 문장 안에 압축되어 있다.

"고객은 당신이 무슨 일을 하는가에 관심을 갖지 않는다. 관심을 갖는 것은 오로지 당신의 도움으로 자신의 애프터에 무슨 일이 일어나는가다."

"매출이 폭발하기 시작했다. 고객도 대단히 만족했다."

다시 한번 이 글을 읽어보자. 그리고 그 뜻을 곰곰이 새겨보라.

처음 이 글을 떠올렸을 때 나는 모든 일에 적용했다. 매출이 급증하기 시작했다. 나와 함께 한 고객들 모두가 대단히 만족해했다. 왜 그럴까?

신문의 경우, 종이 위에 인쇄된 활자를 읽기 위해 신문을 보지 않는다. 당신은 신문에서 지식과 정보를 얻고자 한다. 다시 말해 신문을 읽고 난 뒤(애프터) 경제현황이든, TV프로그램이든, 날씨든 당신에게 필요한 실제적인 정보를 얻기 위해서다.

은행에서 대출을 받을 경우 대출 상품이 마음에 들어 은행에 가는가? 아니다. 대출을 받아 당신이 원하는 것을 구입하거나 필요한 곳에 쓰기 위해서다.

그가 원하는 것, 그것을 주어라

결국 어떤 물건을 사는 것은 애프터에 만족을 얻기 위해서다(그것이 반드시 필요한지 깨닫지 못하면서도).

램프를 샀는가? 불빛이 필요해서다.

치약을 샀는가? 이를 깨끗이 닦기 위해서다.

안경을 새로 했는가? 좀더 분명하게 보기 위해서다.

콘택트렌즈를 했는가? 시력이 나쁘다는 것을 아무도 모르게 하면서도 더 잘 보기 위해서다.

그런데 한 가지 참으로 기묘한 사실을 아는가? 우리는 반드시 필요하지 않아도 어떤 물건이 마음에 들어 지갑을 열곤 한다. 그것이 신문이든, 램프든, 치약이든, 안경이든 혹은 콘택트렌즈든…….

"당장 매출을 올리는 데만 급급하지 말라. 이득만을 염두에 두면 고객의 마음을 사로잡지 못한다."

하버드대 경영학 교수이자 마케팅 분야의 세계적인 권위자인 시어도어 레빗은 다음과 같은 유명한 말을 했다.

"사람들이 원하는 것은 4분의 1인치 드릴이 아니라 4분의 1인치 구멍이다."

당신이 팔고자 하는 상품과 고객이 사고자 하는 만족 사이의 차이를 아주 간명하게 설명하는 말이 아닐 수 없다. 고객은 상품 자체보다도 이후에 그것으로 얻을 만족에 관심을 갖는다는 사실을 잊지 말자.

내가 애프터를 이토록 강조하는 이유는 바로 여기에 있다.

- 애프터는 당신으로 하여금 고객이 미래에 얻을 만족에 초점을 맞추어 생각하도록 만든다. 사업의 진정한 목표는 바로 고객의 애프터다.

- 당장 눈앞에 보이는 매출을 올리는 데만 급급하지 말라. 이득만을 염두에 두면 고객의 마음을 사로잡지 못한다. 문제는 상품이 아니라 그것으로 고객이 얻을 만족이기 때문이다.

애프터의 힘

애프터는 어디든 들어맞는가?

물론이다. 120페이지의 '다양한 직업들과 그에 해당하는 애프터'를 살펴보자. 고객이 원하는 내용을 담은 직종 목록이다.

고객이 관심을 갖는 것은 언제나 애프터일 뿐 당신의 직업이 무엇인지는 신경조차 쓰지 않는다. 고객은 세금을 덜 내고, 좋은 집을 장만하며, 가족을 안전하게 지키고 싶어할 따름이다. 다시 말해 회계사와 공인중개사 그리고 생활설계사를 원하는 게 아니다.

고객이 원하는 것은 드릴이 아니라 구멍이라는 하버드대 시어도어 레빗 교수의 말은 정확한 지적이다. 그런데 묘한 것은, 고객은 궁극적으로 애프터에 관심을 갖고 있으면서도 자신이 그렇다는 것을 거의 의식하지 못한다는 점이다. 예를 들어 공구 상점에 가서 드릴을 살 경우 자신이 원하는 것이 구멍이라는 사실을 잊어버린다. 중요한 것은 애프터에 구멍을 파는 것인데도.

이것이 바로 물건을 사고파는 행위의 묘한 점이다. 파는 사람이든 사는 사람이든 핵심은 애프터라는 사실을 전혀 의식하지 못한 채 상품 그 자체에만 매달리고 있다.

구매자는 궁극적인 관심이 애프터에 있다는 것을 깨닫지 못한다. 드릴을 사고 싶다고 생각할 뿐이다. 파는 사람도 애프터는 아랑곳하지 않고, 드릴이 얼마나 좋은지 설명하는 데에만 열을 올린다.

당신도 크게 다르지 않을 것이다. 사업을 하면서 자신의 '드릴'이 얼마나 좋은지 강조하느라 고객이 얻을 애프터에는 관심조차 없다. 결론부터 말하면 누구나 초점을 잘못 맞추고 있다.

상품을 파는 사람은 다음과 같은 말을 입에 달고 산다.

그가 원하는 것, 그것을 주어라

〈다양한 직업들과 그에 해당하는 애프터〉

전문 직종	고객이 원하는 애프터
회계사	보다 건강하고 투명한 기업. 감세 전략 등
마케팅 회사	매출의 신장
텔레마케팅	보다 많은 매출
인쇄업자	보다 좋은 홍보 자료를 제공(전단지, 광고물 제작)
비즈니스 코치	기업의 가치를 끌어올려줌 자녀들과 더 많은 시간을 보낼 수 있게 해줌
IT 트레이너	직원들의 작업 효율성을 높여줌
IT 장비 업체	능률을 높여 시간을 절약해주고 혼란스럽지 않게 함
건축가	고객이 원하는 건물을 지어 자부심을 높여줌
영양사	보다 건강한 삶, 에너지가 넘쳐나는 인생을 보장
라이프 코치	최선을 다하고 성취에 만족하는 삶을 살게 해줌
헤드 헌터	사업을 키울 인재를 찾아줌
재무전문가	고객이 돈을 위해 일하는 것이 아니라 돈이 고객을 위해 일하게 만들어줌
생활설계사	고객의 사랑하는 가족을 안전하게 지켜줌
변호사	감옥에 가는 일이 없도록 막아줌
은행	필요한 자금을 확보해 사업의 발전을 도움
그래픽 디자이너	회사의 이미지를 끌어올려 매출을 신장시킴
공인중개사	고객의 드림하우스를 장만하게 도와줌
리더십 강사	회사의 위상을 끌어올리고 직원들로 하여금 더욱 열심히 일하게 만듦
광고회사	기업의 이미지를 끌어올려 매출을 신장시킴
출판인	정서적 풍요로움과 가치를 높여줌
운전기사	고객과 고객의 물건을 빠르고 안전하게 운송함

애프터의 힘

□ 저희 회사는 이 점이 자랑입니다.

□ 고객들이 아주 만족해 했습니다.

□ 저희는 이런 상품(혹은 서비스)을 팝니다(광고 팸플릿을 안겨줌).

□ 통계를 보면 이 물건이 얼마나 필요한지 잘 알 수 있습니다.

□ 만족한 고객님들이 이런 추천서를 써주셨습니다.

그것 참 묘한 일이 아닐 수 없다. 아무리 귀 기울여 들어도 애프터에 관한 이야기는 등장하지 않는다.

이제 당신은 이렇게 말할지 모르겠다.

"그렇군요. 하지만 상품에 대해 잘 설명하는 것은 그만큼 내가 속한 회사를 위해 환상적인 애프터를 제공하는 것 아닌가요?"

물론 맞는 말이기는 하다. 하지만 고객을 위한 애프터도 그렇다고 말할 수 있는가? 아니라면 우리는 고객에게 자신의 애프터를 돌볼 권리를 지켜주어야 한다. 당신이 제공하는 애프터가 얼마나 뛰어난지 결정하는 주체는 회사가 아니라 고객이다.

고객이 원하는 것은 문제 해결사

이 말은 항상 명심해야 한다. 고객은 세계 최고의 변호사를 원하는 것이 아니다. 그들이 바라는 것은 자신의 문제를 해결해줄 사람일 뿐이다. 매출을 올리기 위해 필요한 사람은 바로 환상적인 문제 해결사다.

그리고 문제를 해결하는 첫 걸음은 환상적인 애프터를 제공하는 것이다. 당신은 고객들에게 성공이라는 찬란한 유산을 남겨주어야 한다. 그리고 새로운 고객에게 이전에 함께 한 고객들의 성공담을 들려주어라.

비치볼을 바라보듯이

나와 절친한 사이이기도 한 폴 맥기는 뛰어난 솜씨를 자랑하는 비즈니스 전문 강사로 알려져 있다. 그의 책 《S.U.M.O.》(Shut Up and Move On)는 수많은 사람들의 삶을 송두리째 바꾸어놓았다. 그만큼 그의 강연은 최고로 평가받고 있다.

폴은, 사람들이 같은 문제를 놓고 비치볼을 보듯 자기 입장에 따라 전혀 다르게 본다고 지적했다. 비치볼은 보통 서로 다른 색깔의 가죽 조각 여섯 개로 만들어진다. 이를테면 붉은색, 흰색, 파란색, 노란색, 녹색, 오렌지색 등이다. 당신과 내가 비치볼을 사이에 놓고 서 있다면, 내가 보는 비치볼은 붉고 희며 파란색이지만 당신이 보기에는 녹색이자 노란색이며 오렌지색이다. 이처럼 같은 대상이라도 어떤 관점에서 보느냐에 따라 전혀 다르게 보인다.

폴은 우리 인생에서 많은 것들이 이처럼 다양한 측면을 가지고 있다고 강조한다. 같은 대상을 두 사람이 전혀 다르게 볼 수 있다는 것이다. 이를 테면 나는 젖은 수건을 침대 가까이에 두는 것이 아무렇지도 않지만 아내 는 질색이다.

이 비치볼 아이디어를 마케팅에 적용해보자. 당신은 당신의 회사를 특정한 관점에서 볼 것이다. 이어 당신은 당신이 그 회사에서 일하고 있다는 사실에 더없이 뿌듯해 하리라. 고객 역시 당신과 같을까? 당신의 입장이 고객을 납득시킬 수 있을까?

고객은 전혀 다른 관점에서 당신이나 당신의 회사를 바라보고 있음을 잊어서는 안 된다. 그들은 자신이 기대하는 애프터를 당신이나 당신의 화사 가 제공할 수 있는가에만 관심이 있을 뿐이다.

나를 키우는 애프터 마케팅

이제부터 우리는 애프터를 상품 판매에 적용하는 방법에 대해 살펴볼 것이다. 이 내용을 업무에 적용시켜보면 놀라운 결과를 얻을 수 있을 것이다.

내가 이토록 자신하는 이유는 나와 함께 한 모든 고객들이 실제로 탁월한 성과를 올렸기 때문이다. 대기업에서부터 중소기업, 국가의 지원을 이끌어내려는 자선단체에 이르기까지, 지금 소개하는 방법이 통하지 않는 곳은 없었다. 말 그대로 수익이 기대 이상으로 늘어난 것이다.

내 고객들 중에는 허법 UK라는 회사가 있다. 광고와 마케팅을 전문으로 하는 이 회사는 말 그대로 그들의 고객이 하는 일을 세상에 널리 알려주는 역할을 한다. 타깃 마켓에서 성공을 거둘 수 있도록 고객을 주목받게 돕는 것이다. 허법 UK는 뉴질랜드 출신의 마크 싱클레어와 제임스 커크가 운영하고 있다. 둘 다 뛰어난 재능을 지녔으며, 직원들도 열정은 물론 결속력을 과시하고 있다. 하지만 나와 함께 일하기 전에는 그들의 솜씨에 값하는 성과를 올리지 못했다.

나는 그들에게 애프터에 기초한 마케팅 기법을 알려주고, 역시 내가 고안한 ABC 기법을 활용할 수 있게 도와주었다. 그때부터 회사는 하는 일마다 승승장구했다. 그들의 고객이 이전보다 더 빨리 계약서에 사인해서가 아니다. 그만큼 그들의 마케팅이 몰라보게 효율적이었기 때문이다.

그들이 거둔 성공 사례는 모든 사람들의 시선을 사로잡았다. 뉴질랜드 정부와 마케팅 계약을 따냈으며, 그 결과 더 큰 프로젝트에 참여할 수 있었다. 이 프로젝트에는 런던 중심부에 있는 초고층 빌딩 한 채의 이미지를 혁신하는 작업이 포함되어 있었다. 일을 워낙 멋지게 마무리한 덕에 허법 UK는 전 세계에 이름을 알렸으며, 《PR위크》지의 표지를 장식하기도 했다.

허법이 고객에게 더 나은 성과를 제공하고 그들과 견고한 관계를 쌓을 수 있었던 것은 애프터에 기초한 강력한 접근 덕분이었다. 이 결과 회사는 더 많은 직원을 고용했고, 보다 더 매혹적인 기업으로 성장했다.

하지만 허법이 브리스틀이라는 도시를 근거지로 한 작은 회사라는 사실을 알면 당신은 더욱 놀랄 것이다. 런던에서 200킬로미터 이상 떨어져 있고 직원이래야 채 열 명이 되지 않았음에도 광고와 마케팅 분야에서 전 세계적인 명성을 자랑하는 브랜드로 성장한 기업이 바로 허법이다. 지금도 그들은 성공가도를 달리고 있다.

이런 성공은 매우 효율적이면서 매혹적인 마케팅 메시지가 없는 한 일어나지 않는다. 그것은 바로 애프터에 기초한 것이다.

허법뿐만이 아니다. 나와 함께 한 대형 은행은 여러 개의 매출 증진 프로젝트를 동시에 성공시킨 적이 있다. 또 다른 은행의 임원들은 내가 개발한 비즈니스 커뮤니케이션 코스에 참가한 뒤 애프터에 기초해 이전보다 47퍼센트 향상된 성과를 올렸다.

크리스 베즈워스의 경우도 그랬다. 당시 그는 세계적인 전기전자 기업인 지멘스의 영국 지사 대표이사를 역임하고 있었다. 그런 그가 회사의 최대 고객인 영국의 천연 가스 생산·공급회사인 브리티시 가스를 상대로 한 판매 전략을 내게 짜달라고 했다. 당시만 하더라도 두 회사의 관계는, 그의 표현을 그대로 옮기면 '물에 빠져 죽을 상황'이었다.

애프터에 기초한 전략을 쓴 결과 크리스는 다음과 같이 말했다.

"우리는 브리티시 가스와 그 어느 때보다 더 밀접한 관계를 맺고 있다."

이런 예를 들면 수천 개도 넘는다.

이제부터 본격적으로 애프터 판매 전략을 살펴보자. 이것이 통하는 이유는 간단하다. 고객이 진정 원하는 애프터에 주목할 뿐 끈적거리는 젤리

애프터의 힘

는 어디에서도 찾아볼 수 없기 때문이다.

애프터 판매 전략이 통하는 이유

아래 그림은 고객과 일하는 시간을 나타낸 것이다.

〈고객과 일하는 시간〉

작업의 끝(X)

과거　　　　　　　　　　　　　　　　　　　　　　　　　　미래

구태의연한 세일즈는 당신이 누구이고, 무슨 일을 하며, 어떻게 일하고, 어떤 서비스를 제공하는지에 초점을 맞춘다. 다시 말해 구태의연한 세일즈는 당신이 한 결과에만 초점을 맞추고 있다. 즉 모든 것은 X라는 지점에서 끝난다.

그러나 고객이 원하는 것은 X 이후, 즉 애프터다. 물론 고객이 이를 의식하지 못하는 경우가 왕왕 있지만. 따라서 매출을 더욱 늘리기 위해서는 당신이 한 결과 이후부터, 즉 X라는 지점에서부터 시작하는 미래에 집중해야 한다. 바꾸어 말하면 당신이 지금 초점을 맞추고 있는 것을 완전히 뒤집어야 한다.

"고객은 문제 해결사를 원하지 전문가를 원하는 것이 아니다."

이 말을 기억하는가? 전문가는 X의 왼쪽, 어떻게 일하는지에만 초점을 맞춘다. 반면 문제 해결사는 X의 오른쪽, 즉 애프터에 주목한다. 일을 끝내면서 문제 해결사는 이렇게 말할 것이다.

"지금은 일을 끝내지만, 앞으로 제가 고객님을 위해 풀어야 할 이러저런 문제들이 보입니다."

그가 원하는 것, 그것을 주어라

당신이라면 전문가를 자처하는 사람에게 일을 맡기겠는가, 아니면 의심할 여지없이 더 나은 애프터를 약속하는 해결사와 함께 일하겠는가?

대답은 어렵지 않다. 우리는 전력을 다해 우리가 제공할 수 있는 최상의 애프터를 선보여야 한다. 우리는 일을 이러저러하게 하는데 하면서 고객을 끈적끈적한 젤리에 빠뜨려서는 안 된다.

세일즈가 아니라 도움을 팔아라

당신의 경우는 어떤지 모르지만, 나는 세일즈라는 말을 몹시 싫어한다. 세일즈 전략이나 개성이 톡톡 튀는 세일즈 기법과 같이 세일즈가 들어간 말만 들으면 미칠 지경이다.

내가 세일즈라는 말을 싫어하는 이유는 간단하다. 이 말은 언제나 파는 사람의 관점에만 서 있을 뿐 고객의 입장은 배려하지 않기 때문이다. 무엇인가 판다는 것의 주체는 결국 파는 사람이니, 결국 실제로 돈지갑을 여는 고객의 입장을 전혀 고려하지 않는 말이 세일즈다.

그래서 나는 '개성적인 세일즈 전략'이라는 말 대신 '개성적인 구매 포인트'라는 말을 쓸 것을 제안한다. 여기서 '개성적인'이라는 표현은 물론 구매자의 입장에서 보는 개성을 존중해야 한다는 의미다. 개성적인 구매 포인트로 접근하는 것은 이전의 그 어떤 세일즈 전략보다도 강력하다.

앞서 언급한, 은행의 매출 증진 프로젝트 여러 개를 동시에 성공적으로 이끈 것은 내 스스로에게도 자랑스러운 성과였다. 그만큼 고객인 예금자들이 그 은행을 신뢰했다는 증거일 것이다. 반대로 내게는 고객인 은행이 내게 프로젝트를 맡긴 것은, 시각장애인인 어머니로부터 독특하고 개성적인 커뮤니케이션 방법을 익혔다는 것, 그래서 그 방법이 예금자들을 많이 끌어모으는 데 효과적일 것이라는 점 때문이었다. 이처럼 고객은 과거에 당신이 이룬 업적이 아니라, 당신이 그들을 위해 무엇을 가장 잘할 수 있는지에 관심을 갖는다.

이런 이유로 나는 세일즈라는 말 대신 '도움'라는 말을 쓸 것을 제안한다. 고객이 원하는 애프터가 무엇인지 알아냈다면 우리는 그 애프터를 제공할 수 있음을 입증해야 한다. 다시 말해 고객을 정말 도울 수 있다는 확신을 심어줄 수 있을 때에만 고객은 지갑을 연다. 말하자면 도움을 주고받겠다는 합의가 이루어진 셈이다. 이럴 때 팔고 사는 행위가 성립한다. 파는 데에만 골몰하는 세일즈보다 도움이 쌍방의 관계를 잘 드러내지 않는가.

어떤 애프터를 제공하고 있는가?

세 아이를 키우는 한 아빠의 이야기를 들은 적이 있다. 첫째아이는 쌍둥이 자매보다 두 살 더 많다.

첫 아이를 낳았을 때 그는 너무나 기쁜 나머지 천정 높은 줄 모르고 펄쩍 뛰었다고 한다. 쌍둥이를 출산했을 때도 물론 기쁘기는 했지만, 첫 아이 때만큼은 못하더라는 거였다.

이 이야기를 듣고 나는 역시 첫 경험이 가장 큰 기쁨을 불러온다는 사실을 새삼 확인했다. 우리가 살면서 겪는 일들도 대개 그렇지 않을까. 처음이 가져다주는 기쁨은 그 어느 것과도 바꿀 수 없다. 사업도 마찬가지다. 사업에서 첫 성과를 올렸을 때가 가장 기쁘지 않은가.

이 장에는 처음이라는 말이 자주 등장할 것이다. 판매 전략에서 볼 때 처음은 대단히 중요하기 때문이다.

당신이 고객에게 줄 수 있는 애프터에는 어떤 것이 있을까? 어떻게 해야

그가 원하는 것, 그것을 주어라

고객에게 더 많은 이득을 안겨줄 수 있을까? 고객의 스트레스는 어떻게 줄일 수 있을까? 고객이 더 많은 자유 시간을 누리게 해줄 방법은 무엇일까? 요컨대 고객이 지금보다 행복해지기 위해서는 무엇이 필요할까?

고객이 당신으로부터 '첫 기쁨'을 누릴 수 있는 것들을 적어보자. 이를 위해 먼저 새겨두어야 할 것이 있다. 고객이 필요로 하는 애프터 목록을 만들 때는 한 가지 법칙을 유념해야 한다. 애프터 목록에서 '나는 이러저러한 일을 한다'는 젤리를 완전히 솎아내라. 오로지 고객 입장에서만 생각하는 것이 중요하다.

당신이 웹사이트 회사의 대표라면 "저희에게 오시기만 하면 웹사이트를 갖게 됩니다" 하는 식으로 말해서는 안 된다. 그 대신 "저희에게 오시고 난 뒤(애프터)에는 매출이 급증할 것입니다"라고 말해야 한다. 이 말 속에 웹사이트라는 단어가 사라졌다는 사실을 주목하라.

첫 경험이 중요하다는 것을 잊지 말자. 고객에게 줄 수 있는 애프터 목록을 만들고, 이 목록을 될 수 있는 한 간략하면서도 조목조목 면밀하게 검토한다. 명확하고도 세심하게. 이제 남은 일은 당신이 할 수 있는 한 최대한 높이 점프하는 것이다. 첫 경험의 기쁨을 만끽하자.

더 많은 수익을 올리고 싶다면

꿈을 현실로 바꾸는 ABC 접근법

어떤 상품을 사겠다는 결정을 내릴 때 고객이 절실히 원하는 것은 무엇일까?

1 — 원하는 애프터를 얻을 수 있는가?

2 — 당신이 정말 그것을 제공할 수 있다는 절대적인 확신이 있는가?

고객이 관심을 갖는 것은 오로지 이 두 가지일 뿐이다. 원하는 애프터를 100퍼센트 확실하게 얻을 수 있다는 확신이 설 경우에만 그들은 구매 결정을 내린다.

이는 물론 고리타분한 세일즈 전략에서 보면 물구나무 선 것이나 다름없다. 설립연도 따위나 들먹이는 따분한 방법으로는 위 두 가지 중 어느 것도 만족시킬 수 없다. 애프터에 전혀 주목하지 않기 때문이다. 그렇게 해서는 당신이 고객의 문제를 해결해줄 수 있다는 확신은 결코 우러나지 않는다.

그래서 나는 애프터와 확신을 포괄하는, 간단하면서도 강력한 방법을 고안했다. 그것은 이 바로 'ABC 접근법'이다.

A | 애프터After — 고객이 원하는 애프터가 무엇인지 확인하자.

B | 확신을 심어준다Be certain — 그 애프터를 당신이 줄 수 있다는 확신을 준다.

C | 확신을 현실로 바꾼다Convince — 실제로 애프터를 확실하게 수행한다.

바꾸어 말해 고객이 원하는 것을 알아내어, 바로 그것을 고객에게 제공하는 것이 ABC 접근법이다. 이것은 당신의 전문지식이 마땅히 발휘해야 할 힘을 온전히 풀어낼 수 있도록 도와준다.

ABC 접근법의 또 다른 장점은 목표를 위해 너무 많이 일하지 않아도 된다는 점이다. ABC 접근법은 이미 당신이 업무를 하면서 쓰는 말의 90퍼센

그가 원하는 것, 그것을 주어라

트를 그대로 사용하기 때문이다. 새로운 틀을 갖고 있으면서도 당신이 새롭게 추가해야 할 것은 별로 없다. 당신이 해야 할 일은 지금까지 해온 말들을 재구성하는 것뿐이다.

1장에서 다루었던 '커뮤니케이션을 효과적으로 이끄는 다섯 가지 법칙'을 기억하기 바란다.

A │ 언제나 전체 맥락부터 그려라.
F │ 상대방의 입장에서 생각하라.
T │ 일관성이 성공의 열쇠임을 잊지 말라.
E │ 더 자세한 정보는 없을까 고민하라.
R │ 상대방이 요구하는 정보만 제공하라.

ABC 접근법은 이 다섯 가지 기준을 모두 만족시킨다. 먼저 고객과의 미팅에서 전체 맥락을 그려 보여주며(A), 고객의 입장에서 생각하고(F), 일관성을 갖고 협상에 응하며(T), 더 얻어낼 정보는 없는지 살펴보고(E), 고객이 원하는 정보만 알려주는 것이다(R).

다시 말해 끈적거리는 젤리는 조금도 허용하지 말라. 쓸모없는 정보는 시간 낭비일 뿐이다. 그리고 당신이 말하는 내용 하나하나는 고객에게 깊은 인상을 심어주어야 한다.

이제 ABC 접근법을 어떻게 적용해야 할지 살펴보자. 이 장에서 다루는 내용을 가장 잘 활용하려면 새로운 것이 나올 때마다 내가 던지는 질문에 대한 답을 종이 위에 써본다.

이런 식으로 당신이 이 장을 다 읽고 나면 완전히 새로운 판매 전략이, 그것도 완성된 형태로 정리될 것이다.

고객이 원하는 애프터를 체크하라

첫 단계는 고객이 원하는 애프터가 무엇인지 확인하는 것이다.

1 — 당신이 고객에게 줄 수 있는 애프터는 무엇인가?

2 — 특정 고객, 이를테면 고객 X를 상대로 할 때 그가 원하는 애프터를 어떻게 알아낼 수 있는가?

3 — 애프터에 초점을 맞춘 회사가 되기 위해 바꾸어야 할 것은 무엇인가?

우선 당신 회사가 생산할 수 있는 애프터가 무엇인지 따져봐야 한다.

2번은 1번의 질문에서 얻어진 답을 특정 고객 X에게, 끈적거림 하나 없이 적용시켜보는 것이다. 3번은 당신의 사업이 어떻게 해야 최대 성과를 올릴 수 있는지 밝혀줄 것이다.

1. 고객에게 줄 수 있는 애프터는 무엇인가?

애프터에는 비즈니스와 직접 관련된 것과 감성적인 것 두 가지가 있다. 예를 들어 직원들을 위해 업무용 컴퓨터를 새로 구입했다면 당신의 회사는 더 높은 효율성을 자랑하게 된다. 이것이 비즈니스와 직접 관련된 애프터다. 아울러 직원들은 더 이상 낡은 컴퓨터로 인해 진을 빼는 일이 없게 된다(감성적인 애프터).

마찬가지로 우리는 애프터를 긍정적인 것과, 부정적인 요소를 줄여주는 것으로 세분화할 수 있다. 앞의 예에서 살펴본 것처럼 회사의 작업 능률을 높여주는 것은 회사의 성장에 기여하므로 긍정적인 애프터다. 반면 직원들

그가 원하는 것, 그것을 주어라

의 고충을 덜어주는 효과는 열악한 상황이 계속되는 것을 막아준다는 점에서 부정적인 요소를 줄여주는 애프터다. 이 두 가지를 종합할 때 고객에게 줄 수 있는 당신의 '애프터 그리드'가 완성된다.

<애프터 그리드 만들기>

	비즈니스	감 성
긍정적		
부정적 요소를 줄임		

이렇게 해서 얻은 네 가지 애프터를 표로 만들어본 것이다. 비즈니스와 감성은 모두 긍정적인 것과, 부정적 요소를 줄여주는 것을 포함한다.

이를 좀더 분명하게 하기 위해 앞서 든 컴퓨터의 예로 돌아가자. 고객을 위해 제공할 수 있는 애프터로는 아래와 같은 것들을 예상할 수 있다.

<애프터 그리드의 예>

	비즈니스	감 성
긍정적	• 보다 높은 효율성 • 더 많은 이익	• 더욱 의욕적인 직원들 • 새 시스템으로 만족한 직원들
부정적 요소를 줄임	• 직원들이 더 이상 불필요한 일에 시달리지 않음 • 컴퓨터 바이러스 제거	• 직원들의 줄어든 불평불만 • 컴퓨터 화면을 걷어차고 싶은 짜증이 사라짐

이런 식으로 우리는 애프터 그리드를 만들 수 있다. 이를테면 비즈니스에서 긍정적인 애프터는 새 컴퓨터를 들여놓음으로써 능률을 높이고 이득을 늘여준다는 점이다. 더 나아가 새 컴퓨터로 감성의 부정적인 요소를 말끔하게 해결되었다.

앞서 고객에게 제공할 수 있는 애프터들을 정리해본 바 있다. 그것을 토대로 당신에게 맞는 애프터 그리드를 만들어보라. 더 많은 애프터들을 찾아낼 수 있을 것이다.

□ 애프터 그리드의 빈칸을 채워 넣어라.
□ 각 애프터의 성격을 분석하자. 적당한 곳에 배치했는가?
□ 이렇게 완성된 당신의 애프터 그리드는 어떤 모습인가?

위와 같이 완성한 애프터 그리드를 염두에 두면 특정 고객에게 어떤 애프터가 맞는지 쉽게 판단할 수 있다.

더 읽기 전에 앞의 애프터 그리드 만들기를 채워보라. 최소한 여덟 개의 애프터 혹은 그 이상을 채워야 한다.

고객에게 제공할 수 있는 애프터를 알아내기 위해서는 다음 두 가지 방법이 많은 도움이 될 것이다.

우선, 당신이 가장 아끼는 고객에게 전화를 걸어, 그가 얻었으면 하는 게 무엇인지 물어본다. 이 방법은 또 다른 장점을 가지고 있다. 전화를 받은 고객은 당신과 같은 거래처를 갖게 된 것을 무척 기뻐할 것이다. 자신이 좋아하는 애프터가 무엇인지 묻는 것을 싫어할 고객은 없다. 더욱이 건줄 데 없는 당신의 탁월한 배려에 감격하리라.

애프터 그리드를 보완할 두 번째 방법은 '라이츠RITES' 다. 라이츠는 고

그가 원하는 것, 그것을 주어라

객이 원하는 다섯 가지 애프터의 머리문자를 조합한 것으로, 내가 만든 신조어다.

R ｜ 리스크^{Risk}를 줄여라.
I ｜ 수입^{Income}을 늘려라.
T ｜ 시간^{Time}을 절약하라.
E ｜ 지출^{Expenditure}을 줄여라.
S ｜ 스트레스^{Stress}를 벗어던져라.

이 다섯 가지 애프터를 중심으로 당신의 애프터 그리드를 완성해보라. 당신이 생각하기에 중요한 것들은 모두 망라하라.

먼저 각 애프터에 해당하는 당신의 표현을 만들자. 다음 단계는 당신의 애프터가 될 수 있는 한 주목받게 만드는 것이다. 이를 위해 파트너와 연습해보는 것이 좋다. 파트너가 없다면 가상의 인물을 상대로 연습해보라. 다음은 대화의 예다.

나 : 〔애프터 중 하나를 제시한다.〕
상대 : "왜 내가 그걸 신경 써야 하죠?"
나 : "이게 좋은 이유는……"

가능한 한 당신의 애프터가 가져다줄 이득을 분명하게 보여주는 문장을 사용하라. 앞서 예를 들었던 컴퓨터 회사의 경우에는 다음과 같은 대화가 이루어질 수 있다.

나 : "직원들이 불필요한 업무에 시달리고 싶어하지 않습니다."

상대 : "왜 내가 그걸 신경 써야 하죠?"

나 : "직원들이 보다 생산적인 일에 집중할 수 있으면 지금 하시는 사업에 좋으니까요."

상대 : "왜 그게 사업에 좋은데요?"

나 : "사업에 좋은 이유는, 직원들이 고객님의 사업에 아무 도움도 되지 않는 잡무에 시달리며 진을 빼지 않고, 그래서 회사의 기본 역량이 더욱 커지니까요."

마지막 문장을 주목하기 바란다. 고객 중심의 애프터란 이런 것이다. 지금 바로 이런 문장들을 만들어보라. 이제 당신은 다음과 같은 것들을 갖게 된다.

□ 고객에게 제공할 수 있는 모든 애프터
□ 애프터에 기초해 상당한 설득력을 갖춘 문장

2. 고객이 원하는 애프터를 알아내려면

출발은 아주 좋았다. 하지만 고객을 상대하는 당신의 말 속에는 아직도 끈적거림이 남아 있을 수 있다. 물론 상대방이 무척 흥미롭게 듣기는 하겠지만, 그래도 아직 불필요한 점들이 포함되어 있는지 면밀하게 검토해야 한다. 당신에게 경제적 수익을 안겨줄 고객에게 반쪽짜리 애프터를 안겨서야 되겠는가.

끈적거림이 없는 깔끔한 애프터를 제공하기 위해서는 고객이 원하는 애프터가 무엇인지 정확히 알아낼 필요가 있다.

그가 원하는 것, 그것을 주어라

□ 우리가 함께 일하면서 성취하길 기대하는 애프터는 무엇입니까?

□ 프로젝트가 만족스럽게 끝난 뒤 어떻게 바뀌길 원하십니까?

□ 어떻게 해야 프로젝트가 성공할 수 있다고 보십니까?

□ 지난 1년을 돌아볼 때, 프로젝트를 성공하기 위해서는 무엇이 필요할까요?

□ 만약 프로젝트가 성공하지 못한다면 회사는 어떤 타격을 입을까요?

□ 모든 것이 잘 진행되고 있다고 생각하십니까?

□ 사업이 잘 되고 있다는 것은 어떤 기준으로 판단하시나요? 프로젝트가 그 기준을 만족시키고 있습니까?

□ 지난밤 무슨 생각으로 잠을 이루지 못하셨나요?

이런 질문을 모두 할 것도 없이 한두 질문이면 고객은 당신에게 자신이 원하는 애프터가 무엇인지 털어놓을 것이다. 그만큼 첫 경험의 기쁨은 더없이 크기 때문이다. 그럴 때면 일을 확실히 하기 위해 다음 한 마디를 더 하라.

"더 필요한 게 있으시다면?"

처음 자신이 원하는 애프터를 털어놓은 고객은 더 필요한 것이 무엇이냐는 말에 감격해 더 많은 것을 이야기하게 마련이다. 당신도 이 짧은 말로 상대방이 묻지도 않은 말을 털어놓아 좋은 정보를 얻은 경험이 있었을 것이다.

내가 당신이라면 가장 친한 친구에게 부탁해 이런 대화를 나누는 연습에 몰두할 것이다. 위의 핵심 질문 한두 가지에 더 필요한 게 무엇이냐는 보충 질문으로 고객이 원하는 애프터를 알아낼 수 있음을 기억하자. 여기서 수백만 개의 정보를 기대하지는 않을 것이다. 네다섯 개면 충분하다.

여기서 당신이 원하는 가격에 계약을 맺을 기회를 높일 수 있는 몇 가지 아이디어를 소개하겠다.

우선 고객이 "무슨 일을 하시나요?"라는 물음으로 대화가 시작된 경우 당신을 향한 대화의 흐름을 뒤집을 필요가 있다. 당신 자신에 관한 이야기를 먼저 꺼내서는 절대 안 된다. 앞서 살펴본 질문들을 던질 기회를 잃어버리기 때문이다. 적절한 때에 고객이 원하는 애프터를 알아내지 못한다면 당신은 당신 자신에 관한 이야기로 고객을 젤리 속에 빠뜨리는 결과를 낳게 된다.

고객이 먼저 당신에 대해 물은 경우 이렇게만 대답하라.

"관심을 가져주셔서 감사합니다. 하지만 최근 제가 하고 있는 일을 자세히 설명해드리면 지루하실 겁니다. 워낙 장황해서 말이죠. 괜찮으시다면 제가 먼저 몇 가지 여쭈어도 될까요? 그래야 제가 어떤 말씀을 드리는 게 좋을지 판단할 수 있으니까요."

이 말에 아니라고 말할 사람은 없다.

"어떤 이야기든 들려주세요. 제게 젤리를 마음껏 던지세요. 기꺼이 빠져드리죠."

이렇게 말하는 것을 상상이나 할 수 있는가?

두 번째로, 적정한 가격을 협상하기 위해서는 당신이 목표로 하는 애프터를 겨냥한 질문을 해야 한다.

"제가 잘 몰라서 죄송합니다. 얼마나 가치 있는 성과를 원하십니까?"

고객은 이런 질문에 대답하기를 꺼리지 않는다. 당신이 정말 알고 싶어서 묻는 것임을 알기 때문이다. 자신의 관점에 서서 물어보는데 싫어할 고객은 없다. 기꺼이 당신에게 말할 것이다. 고객의 눈으로 본 애프터가 어떤 가치를 지니는지 알았다면 그만큼 가격 책정을 위한 협상은 쉬워진다. 고

그가 원하는 것, 그것을 주어라

객은 당신이 진심으로 고객을 위해 일한다는 사실을 알았기 때문이다.

내가 보기에 애프터를 다룬 이 장은 책 전체에서 가장 활용하기 좋은 부분이다. 그 이유는 간단하다. 고객은 당신이 무슨 일을 하는지보다 고객 자신을 위해 당신이 무엇을 해줄까에 관심을 갖는다. 이런 분명한 진리를 깨우쳤다는 것은 당신이 대부분의 마케팅 담당자들과는 전혀 다른 방식으로 접근할 수 있음을 뜻한다. '이루기 원하는 것은 무엇인가요?' 라는 질문은 사람들이 당신을 보았을 때 무엇을 사기 원하는지 정확하게 알 수 있게 해준다.

사람들은 왜 당신이 파는 것을 살까? 그 진짜 이유를 알아내는 것이 상품 판매 전략의 출발이다. 이보다 더 강력한 기초는 없다. 이런 든든한 기초 위에서는 당신이 원하는 것은 무엇이든 잡을 수 있다.

가능한 한 많은 고객들에게 그들이 원하는 애프터가 무엇인지 묻는 데 시간을 투자하라. 그래야 보다 완벽하고 더욱 현실적인 사업을 계획할 수 있다. 이는 반드시 성공한다. 이것이 고객의 시각에 맞기 때문이다.

거듭 강조하지만 당신이 하는 일을 평가하는 사람은 당신 자신이나 당신의 회사가 아니라 고객이다. 그들의 애프터가 그 기준이다. 고객의 애프터를 배려하고 일한다면 당신은 승승장구하게 마련이다. 아울러 고객과 오랜 세월을 두고 거래할 수 있을 것이다.

"사업을 성공으로 이끄는 것은 결국 애프터였군요!"

나는 내 고객들로부터 이런 말을 자주 듣는다. 이 말에는 언제나 탄식이 따라붙는다.

"왜 이걸 지금껏 알지 못했을까요? 믿을 수가 없어요. 경쟁자들도 이런 걸 떠올리지 못했다니 정말 믿기지가 않아요."

애프터를 알아낸다는 것이 단단한 호두 껍데기를 깨는 것만 같은가? 연습하면 된다. 그리고 애프터가 당신의 사업을 꽃피우는 것을 지켜보기만 하라.

3. 애프터를 키우는 사람이 되려면

애프터는 강력한 변화의 힘을 지니고 있기 때문에 애프터를 생산하는 회사로 거듭나야 한다. 이를 위해서는 사업 전체의 구도도 그에 맞게 바꾸는 것이 좋다.

이를테면 그저 '웹사이트 회사' 라고 하기보다는 '고객을 돕는 회사' 라고 하는 것이 좋지 않겠는가. '의사' 라고 하기보다는 '사람들이 좀더 건강하고 편안하게 살 수 있도록 돕는다' 고 하는 것이 낫듯이.

애프터에 초점을 맞춘 회사가 되기 위한 시간을 절약할 수 있는 좋은 방법은 고객에게 새 고객을 추천해줄 것과 추천서를 부탁하는 것이다. 물론 추천서에는 당신과 당신의 회사가 제공할 수 있는 애프터에 관한 언급이 들어가야 한다.

서면으로 된 추천서는, "일을 잘 처리해주셔서 감사합니다. 당신은 정말 훌륭하시군요"라는 감사의 말 그 이상이 들어가야 한다. 감사의 글만 적힌 추천서는 새로운 고객에게 보여주어도 별 효과를 발휘하지 못한다.

하지만 "함께 일하고 난 뒤부터(애프터) 저희 회사는 비약적인 발전을 거듭했습니다"라는 문장이 들어간 추천서는 다른 사람들에게 당신의 회사가 애프터에 초점을 맞추고 있음을 확실하게 각인시켜줄 수 있다.

고객에게 전화를 걸 때, 당신이 남겨줄 수 있는 애프터가 무엇인지 알아내기 위해 통화 끝에 다음과 같이 물어보라.

"함께 한 작업이 도움이 되었다니 정말 기쁩니다. 지금 말씀하신 걸 추천서로 써주실 수는 없을까요? 괜찮으시다면 말씀하신 대로 제가 글로 써서 메일로 넣어드리겠습니다. 그걸 확인만 해주시면 됩니다.”

그야말로 일석이조다. 고객이 원하는 애프터가 무엇인지 알아냈을 뿐만 아니라 순식간에 다른 고객에게 보여줄 수 있는 강력한 추천서를 얻지 않았는가.

활용할 수 있는 것은 추천서뿐만이 아니다. 고객이 원하는 서비스를 제공하면서도 그가 원한 애프터에 맞게 접근하는 것이다. 예를 들어 고객 X가 시간을 절약하는 데 큰 관심을 가지고 있다면 프레젠테이션을 할 때 이렇게 말하자.

“저희는 시간 절약을 최우선으로 꼽고 있습니다. 예컨대 이 발표 자료를 인쇄하신다면…….”

여기서 멈추지 말자. 당신의 장점을 잘 보여주는 사례들을 면밀하게 살펴보라.

대부분의 경우 사업은 먼저 고객을 만나고, 주어진 일을 하며, 함께 일한 성과로 끝을 맺는다. 이런 순서를 우리는 완전히 뒤집어야 한다. 먼저 고객으로부터 어떤 성과를 얻을 수 있을지부터 시작하라. 그래야 고객이 원하는 애프터가 똑바로 보인다. 그런 다음 필요한 정보들을 얻기 위해 노력하는 것이 좋다.

당신의 경쟁자들은 애프터 기억법을 모르고 있기 때문에 이 방식은 매우 효과적이다. 당신이 애프터에 초점을 맞추어 판매 전략을 구사하는 동안 경쟁자들은 여전히 고객에게 자기네 상품이 최고이며, 회사는 몇 년에 설립되었다는 식으로 젤리만 안기고 있을 것이다.

물론 인생이 경쟁자나 때려눕히려는 살벌한 전쟁터는 아니다. 하지만 당신이 더 많이 팔기 위해서는 그들보다 한 걸음 앞서 나아가야 한다. 당신이 마땅히 챙겨야 할 일을 놓쳐서야 되겠는가.

애프터의 힘

그에게 확신을 심어주자

"사람들이 갈구하는 것은 지식이 아니라 확신이다."　　　　── 조지 버나드 쇼

ABC 접근법의 첫 단계는 고객 X가 원하는 애프터가 무엇인지 확인하는 것이다. 이것이 성공적인 마케팅의 출발점이다.

두 번째 단계 '확신을 심어주자'의 핵심은 신속함과 간결함이다. 고객이 원하는 애프터를 말한 즉시 확실하고 화끈하게 성취시켜주는 것이다.

앞서 나는 고객이 구매할 때 두 가지만 찾을 뿐이라고 설명했다. 그것은 애프터와 확신이다. 이 말에 당신은 처음에 어리둥절했을 것이다. 하지만 이는 명백한 진리다. 당신 자신도 마찬가지다. 병원을 찾아갈 때 무슨 생각을 하는가? 병을 확실하게 낫게 해주리라는 믿음 때문이 아닌가. 기념사진을 찍는 것은 그 보석처럼 아름다운 날을 영원히 간직할 수 있으리라는 믿음 때문이 아닌가. 수도관이 터져 물이 샌다면? 그러면 당신은 확실히 배관

그가 원하는 것, 그것을 주어라

공을 부를 것이다.

상품 판매라는 관점에서 보면 앞서 인용한 버나드 쇼의 말은 다음과 같이 바꿀 수 있다.

"고객이 원하는 것은 당신의 사업에 관한 지식이 아니라 당신이 애프터를 확실하게 해결해줄 수 있는가라는 확신이다."

확신을 심어주는 것은 결정적인 것이므로 결코 오래 걸려서는 안 된다. 이 단계는 가장 손쉬운 것이면서도 전체에서 핵심에 해당한다. 고객이 원하는 애프터를 알아내고, 그 애프터를 확실하게 수행해주는 연결고리와도 같은 것이 바로 이 두 번째 단계다.

1 — 고객이 원하는 애프터를 확인하라.
2 — 자신 있게 그 애프터를 제공할 수 있다고 단언하라.

당신이 쓸 수 있는 실례에는 이런 것이 있다.

1 — "그러니까 제가 올바로 보았다면, 고객님께서는 지금 직원들이 여유를 갖고 보다 더 생산적인 일을 할 수 있게 해주는 새로운 컴퓨터 시스템을 찾고 계시는군요. 기존의 시스템 때문에 생기는 스트레스도 줄여주고요."〔"그렇습니다."〕
2 — "좋습니다. 확실하게 해결해드리겠습니다."

바로 이것이다. 단 두 마디 말로 멋지게 마무리되지 않았는가.

첫 번째 문장은 고객이 말한 것의 핵심 포인트를 요약 정리함으로써 애
프터를 강조한 것이다. 이는 쌍방 간에 주요 관심사를 분명하게 확인해주
는 것이기도 하다.

두 번째 문장은 고객에게 확신을 심어주는 것이다. 두 번째 문장에서
'확실하게' 라는 표현을 주목하기 바란다. 이 문장이 강력한 힘을 갖는 것
은 '확실하게' 라는 표현 덕분이다. 여기서 고객은 무슨 일이든 당신이 도
울 것이라는 확신을 갖게 된다. '확실하게' 라는 표현이 없다면 이 문장은
빛을 잃고 만다.

확신을 심어주는 것은 아주 간단하지만 몇 가지 주의해야 할 점이 있다.

□ '확실하게' 라는 표현은 정말 당신이 자신 있을 때만 써야 한다. 할 수
  있을지 분명하지 않음에도 '확실하게 돕겠다' 고 말한다면 그것은 거
  짓말이자 성실하지 못한 태도다. 당신의 목적은 상품을 팔려고만 하
  는 데 있지 않다는 점을 명심하자. 결코 자신의 이익만 생각해서는 안
  된다. 중요한 것은 당신이 고객을 도울 수 있다는 확신을 심어주는
  것, 쌍방 모두에게 이익이 되도록 하는 것이다.

□ '확실하게' 라는 말을 쓸 때는 될 수 있는 한 간결하게 말하라. 큰 소
  리로 노래를 부르며 춤을 추고 책상을 쾅쾅 치는 호들갑은 피해야 한
  다. 간결한 확실함이 최상의 효과를 불러일으킨다. 어깨를 으쓱하며
  이렇게 말하자. "알겠습니다. 확실하게 도와드리죠. 그게 바로 제가
  해야 할 일이니까요."

□ 만약 당신의 전문 분야가 고객이 원하는 성과를 줄 수 없는 경우라면
  분명하게 자신의 입장을 밝혀야 한다. 이를테면 건축회사가 당신의
  고객에게 대출을 약속할 수 없는데 공인중개사인 당신이 문제를 해결

해주겠다고 나설 수는 없다. 그런데도 최대한 대출을 받을 수 있도록 확실하게 도와드리겠다고 하는 것은 어불성설이다. "금요일쯤 확답을 드리겠습니다"는 식으로 말해서도 안 된다. 당신이 보증할 수 없는 약속을 하는 실수를 저지르면 안 된다.

□ 확신을 심어주는 것이 중요한 요소이기는 하지만 이것만으로 성공할 수는 없다. "확실하게 도와드리겠습니다"는 말에 "그래요? 좋습니다. 어디에 서명하면 되죠?"라고 말하는 고객은 없다. 확신을 심어주는 것은 단지 상품 판매 과정의 출발일 뿐임을 명심하자.

이 장에서 마지막으로 생각해보고 넘어가야 할 것은, '시도해보겠다'는 표현은 되도록 피하라는 점이다. 우리는 흔히 "좋습니다, 시도해보죠"라는 말을 듣는다. 하지만 잘 생각해보라. '시도하겠다'는 말에는 '안 될 수도 있다'는 어정쩡함이 숨어 있다. 이런 태도로는 결코 확신을 심어줄 수 없다. 거꾸로 정반대의 결과를 낳을 수 있다.

앞서 나는 1991년 걸프전쟁 때 유정 화재를 진압하기도 한 미국의 전설적인 소방수 레드 어데어, 영국의 세계적인 극작가인 조지 버나드 쇼의 말을 인용했다. 여기서 두 사람의 말을 더 인용해보겠다. 앞의 유명인들만큼 대단한 명성을 자랑하는 이들은 아니지만, 둘 다 내가 생각하는 '시도하다'라는 말의 뜻을 정확하게 풀어주고 있다.

하나는 영화 〈스타워즈 에피소드 5〉에서 제다이의 정신적 지주이자 스승인 요다가 한 말이다.

"시도하겠다고? 세상에 시도란 없다. 하느냐 하지 않느냐, 이게 문제일 따름이다."

미국 애니메이션 시리즈 〈심슨 가족〉에서, 무엇인가 시도했다가 실패로

애프터의 힘

끝나 낙심한 아들에게 아버지 심슨은 이렇게 말한다.

"얘야, 너는 최선을 다하려고 시도했다. 하지만 결과는 엉망이다. 여기서 네가 깨우쳐야 할 것은 무엇일까? 절대 시도하려고 해서는 안 된다."

고객을 상대로 할 때 '시도하다' 라는 말은 머릿속에서 지워버려라. 확신을 가지고 자신 있게 말하라. 고객이 원하는 것은 바로 이것이다.

ABC 접근법 중 B 핵심 정리

ABC는 애프터와 '확신을 심어주기', '확신을 실천하기' 를 요약한 것이다.
확신을 심어주기 위해서는 다음 두 문장을 이용하자.

1. 제가 제대로 이해했다면 고객님이 정말 원하는 것은 바로 ……"(고객의 애프터를 요약하라.)

2. "확실하게 돕겠습니다."

확신을 직접 보여주어라

지금 우리는 어디에 서 있는가?

지금까지 당신은 잘 해냈다. 5~10분 동안 고객이 원하는 애프터가 무엇인지 알아냈으며, 이후 5~10초 동안 '확실하게 돕겠다' 는 말로 고객의 마음을 사로잡았다. 고객에게 끈적이는 젤리를 조금도 안기지 않고 이야기를 매우 생산적으로 풀어온 것이다. 명심하자, 지금까지 다룬 모든 것은 100퍼센트 활용해야 한다.

이제 남은 것은 당신이 약속한 애프터를 실제로 제공할 수 있음을 입증하는 일이다. 지금까지 당신은 당신이 무슨 일을 하는지, 또 어떻게 하는지는 언급조차 하지 않았음을 명심하자. 이제는 그런 말을 해야 할 시점이다.

지금 고객은 애프터에 관한 생각에 몰두하고 있다. 이때가 그런 말을 할 적기다.

바로 이때 당신은 당신의 사업에 관한 모든 것을 고객의 애프터에 맞추어 이야기해야 한다.

팔지 못할 것은 없다

고객이 원하는 애프터와 맥락이 맞게 판매 포인트를 설명하기 위해 앞에서 살펴본 컴퓨터 회사의 예로 되돌아가자. 고객이 원하는 애프터는

□ 직원들이 좀더 자유롭게 누릴 시간
□ 생산성 향상
□ 직원들의 스트레스 해소

였다. 그런데 컴퓨터 회사가 흔히 쓰는 세일즈 포인트는 어떤가?

□ 가장 오랜 역사를 자랑하는 컴퓨터 회사입니다.
□ 가장 빠르게 성장하고 있는 컴퓨터 회사입니다.
□ 우수한 인력을 보유하고 있습니다.
□ 고객 A의 추천서를 보여주면서, 당사의 새 컴퓨터 시스템을 설치한
  이래 우리 회사의 생산성이 몰라보게 높아졌습니다. 매달 950~1,000
  시간을 절약할 수 있게 되었다는 점을 기쁜 마음으로 말씀드립니다.
  이렇게 해서 엄청난 비용절감 효과를 갖게 되었습니다.
□ 우리 회사의 임원들은 IT로 자신의 두 번째 경력을 쌓고 있습니다. 뛰

어난 사업가인 그분들은 이제 IT를 부업으로 하고 있습니다.

□ 우리 회사는 IT 훈련부서를 따로 두고 있습니다.

□ 저희 고객들 중에는 대기업도 있습니다.

물론 컴퓨터를 파는 회사의 입장에서 보면 이런 말은 아주 매력적이다. 하지만 고객의 입장을 전혀 고려하지 않았기 때문에 아무런 의미가 없다.

예를 들어 시간을 절약하고, 생산성을 높이며, 직원들의 스트레스를 풀어주고 싶어하는 고객에게 '가장 오랜 역사를 자랑한다'는 말이 들리겠는가? '가장 빠르게 성장하는 기업'이라는 점이 어떻게 고객의 마음을 사로잡을 수 있을까? 이런 말은 통하지 않는다. 오히려 고객의 관심을 멀어지게 하는 지름길일 뿐이다.

이런 예는 마케팅 담당자들이 고객에게 얼마나 많은 젤리를 안기고 있는지 여실하게 보여주고 있다. 그들은 무슨 대단한 상품 판매 능력을 가진 것처럼 떠들어대지만 정작 고객은 불필요한 정보들로 집중포격을 받는 것 같아 불쾌할 따름이다.

하지만 앞서 살펴본 일곱 가지가 고객에게 애프터를 제공할 수 있다는 증명이 되게끔 한다면 어떨까? 아주 강한 설득력을 갖지 않을까?

애프터에 초점을 맞추어 바꾸는 것은 앞서 우리가 살펴본 간단한 문장으로 가능하다.

"이건 바로 고객님을 위해 좋습니다. 그 이유는……"

이를테면 '우수한 인력을 확보하고 있다'는 문장은 고객에게 시간을 절약해주는 애프터로 작용할 수 있다.

□ "우리는 우수한 인력을 많이 확보하고 있습니다." "이것은 바로 고객

님을 위해 좋은 점입니다. 그 이유는……”

- □ “직원들은 어느 누구보다 IT를 아주 잘 다룹니다.”“이것은 바로 고객님을 위해 좋은 점입니다. 그 이유는……”
- □ “고객님의 생산공정을 자동화할 수 있습니다. 저희 직원들은 이런 일을 하는 데 그 누구보다도 뛰어난 솜씨를 자랑합니다.”“이것은 바로 고객님을 위해 좋은 점입니다. 그 이유는……”
- □ “업무의 자동화는 직원들에게 보다 많은 자유 시간을 줄 것입니다.”

한결 낫지 않은가? 구태의연한 세일즈보다 회사의 강점을 고객이 원하는 애프터에 맞도록 함으로써 고객에게 보다 강한 인상을 심어줄 수 있다.

‘우리 회사는 IT 훈련부서를 따로 두고 있습니다’ 라는 상품 판매 포인트도 애프터에 맞게 바꾸어보자.

- □ “우리 회사는 IT 훈련부서를 따로 두고 있습니다.”“이것은 바로 고객님을 위해 좋은 점입니다. 그 이유는……”
- □ “직원들이 새 시스템을 직접 익혀 최상의 업무 결과를 이끌어낼 수 있다고 확신합니다.”“이것은 바로 고객님을 위해 좋은 점입니다. 그 이유는……”
- □ “시스템을 사용하는 첫날부터 대단히 만족해할 것입니다.”“이것은 바로 고객님을 위해 좋은 점입니다. 그 이유는……”
- □ “기존 컴퓨터 때문에 생기는 스트레스가 깨끗이 사라집니다.”

이런 식으로 계속해서 상품 판매 포인트를 고객이 얻고자 하는 애프터에 맞게 바꾸어보라. 이는 149페이지 표와 같이 정리할 수 있다.

애프터의 힘

애프터	상품 판매 포인트
직원들의 보다 많은 자유 시간	• "저희는 다른 IT업체보다 공정을 더 잘 자동화할 수 있습니다. 그만큼 우수한 인력을 확보하고 있기 때문입니다." • "저희는 고객을 위해 시간을 절약하는 데 놀라운 성공을 거둔 기록을 가지고 있습니다. 예를 들어 고객 한 분은 이렇게 말씀하십니다." • "저희는 새 시스템만 공급해드리는 것으로 만족하지 않습니다. 그 대신 직원들에게 시스템 사용법을 철저하게 교육시켜 시간을 조금도 허비하지 않고 최대 성과를 이끌어낼 수 있도록 돕습니다." • "저희 업무의 생명은 시간을 어떻게 가장 잘 활용하는가 하는 데 달려 있다고 해도 과언이 아닙니다. 그래서 IT제품을 선택하더라도 어떤 것이 시간 절약에 가장 큰 도움이 되는가를 중시합니다. 이런 점을 만족시켜주지 못하는 한 이처럼 많은 고객들이 저희를 선택하지 않았을 것이라고 공언합니다."
생산성 향상	• "저희 철학은 먼저 고객의 사업을 전반적으로 검토하고, 어떤 시스템이 있어야 이익을 증대할 수 있을지 결정하는 것입니다." • "저희는 고객의 성공에 꼭 맞는 시스템을 설치해드립니다." • "저희는 고객의 이익을 높이기 위해 전력을 다합니다." • "이번 프로젝트를 맡을 수 있습니다. IT로 전문화하기 이전에 저희 직원들은 모두 자기 분야의 전문가들이었기 때문입니다."
스트레스 해소	• "새 시스템이 직원들의 불만을 해소시켜줄 수 있으리라 확신합니다. 저희 훈련부서가 첫날부터 시스템에 적응할 수 있도록 최선을 다해 교육 프로그램을 짜겠습니다."

이 표에는 다음과 같은 강점을 갖는다.

□ 애프터에 맞게 바꾸어본 판매 포인트가 원래 것보다 고객에게 훨씬 더 매혹적으로 들린다.

□ 판매 포인트는 여러 가지로 변형시켜 적용할 수 있다. 그만큼 각각의 애프터를 수행할 수 있음을 분명하게 보여주기 때문이다.

□ 다만 오랜 전통과 가장 빠른 성장 속도는 사용하지 말라. 이런 것에는 당신과 고객의 애프터를 이어주는 연결고리가 하나도 없다. 물론 회사 입장에서는 이런 표현으로 고객에게 회사 제품에 대한 확신을 심어줄 수 있다고 믿을지 모른다. 그래서 이에 관해 반드시 고객에게 언질을 주어야 하고, 어떻게든 애프터와 연관시키는 것이 좋다고 생각하는 모양이다. 하지만 가장 빠른 속도로 성장하는 회사가 어떻게 고객의 이익을 높여줄 수 있는가? 쓸데없는 자랑에 고객은 불쾌감만 느낄할 뿐이다. 고객에게 끈적이는 젤리일 뿐인 이런 표현은 피하는 것이 마땅하다. 다시 한번 강조한다. 고객의 입장에서 볼 때 중요하지 않은 것은 모두 버려라.

판매 포인트를 준비해두자

고객과 만나 즉석에서 판매 포인트를 재구성하기란 몹시 어려운 일이다. 따라서 고객의 입장에서 바라본 애프터에 맞추어 미리 당신의 판매 포인트를 재구성할 필요가 있다. 애프터에 입각한 상품 판매 포인트들을 데이터뱅크로 만들어보는 것도 좋은 방법이다.

그래서 당신은 고객이 원하는 애프터와 관련한 것들만 언급해주면 된다. 더 이상 쓸모없는 사족을 달거나 고객에게 끈적끈적한 젤리를 뿌려서는 안 된다. 100퍼센트 고객에게만 집중하라. 이렇게 하면 고객이 원하는 애프터를 확인하는 동시에, 당신이 틀림없이 그것을 해결해줄 수 있다는 확신을 심어줄 수 있다.

애프터의 힘

애프터 그리드를 만들자

앞에서 우리는 애프터 그리드를 만들어보았다. 애프터 그리드는 고객에게 우리가 어떤 애프터를 줄 수 있을지 정리한 표였다. 이제 마지막 단계는 애프터 그리드의 내용을 실전에 활용할 수 있는 판매 포인트로 재구성하는 것이다.

1 — 애프터 그리드에 수록된 각각의 애프터에 별도 행간을 만든다.

2 — 고객을 위해 좋다는 것과 그 이유를 정리한 재구성 판매 포인트를 만든다. 물론 이때 초점은 당신의 이익이 아니라 전적으로 고객의 요구에 맞추도록 한다.

3 — 이렇게 재구성한 판매 포인트를 적당한 행간에 집어넣어 표를 완성한다.

이제 우리는 모든 애프터와 그에 해당하는 재구성 상품 판매 포인트들을 일목요연하게 정리한 한 장의 종이를 손에 넣게 된다.

〈고객에게 제공할 수 있는 애프터 — 나만의 새로운 판매 포인트〉

애프터
재구성한 상품 판매 포인트

* 애프터 그리드에 기록된 애프터를 이곳으로 옮겨라. (또 다른 애프터로는 무엇이 있을까?)

그가 원하는 것, 그것을 주어라

ABC 접근법의 실전 응용

우리는 특정 고객을 대할 때 애프터가 가장 중요하다는 것을 확인했다. 말하자면 당신이 제공할 수 있는 애프터가 열 개라면 고객이 관심을 갖는 것은 그 중 몇 개일 수 있다. 그러면 우리는 거기에 집중해야 한다. 아울러 우리는 고객에게 원하는 애프터를 제공할 수 있다는 확신을 심어주었다. 마지막 매듭 단계에서는 고객이 원하는 애프터에 맞도록 재구성한 판매 포인트를 들려준다. 이렇게 해야 원하는 고객이 애프터를 얻을 수 있다고 가장 잘 설득할 수 있기 때문이다.

간단하지 않은가. 고객이 바라는 애프터가 무엇인지 알아내고 그것을 제공할 수 있다는 확신을 고객에게 심어주며, 실천에 옮길 것이라는 확인을 해준 것이다.

잊지 말아야 할 것은 당신의 표에 열 개의 애프터가 있다고 할 때 고객은 오로지 자신에게 맞는 애프터에만 관심을 갖는다. 그러므로 나머지 애프터에 대해서는 입에 올려서는 안 된다. 왜냐고? 고객에게 중요한 것이 아니기 때문이다. 그것은 젤리일 뿐이다. 거듭 말하지만 고객을 끈적끈적한 젤리에 빠뜨리지 말라. 고객은 그런 것을 원하지 않는다.

활용 가능한 시나리오를 만들자

컴퓨터 업체의 사례로 돌아가보자. 우선 시간, 생산성 향상, 스트레스 해소 등 고객이 바라는 애프터를 알아냈으며, 확실하게 도울 수 있다는 말로 확신을 심어주었다.

당신이 실제로 이를 완성할 수 있다는 믿음을 고객이 갖도록 하기 위해

애프터의 힘

서는 다음 사항을 유념하자.

- □ 중요 애프터를 재구성한다. "고객님이 가장 기대하고 계시는 것은 직원들이 업무 시간을 좀더 효율적이면서도 능동적으로 썼으면 하는 것이죠?"
- □ '확실하게 도울 수 있다' 는 말을 재구성한다. "확실하게 도와드릴 수 있다고 확신하는 이유는……"
- □ 고객이 원하는 애프터에 맞도록 판매 포인트를 재구성한다.

ABC 접근법 중 C 핵심 정리

ABC는 애프터와 '확신을 심어주기', '확신을 실천하기'를 요약한 것이다. 실천 단계인 C를 위해서는 다음 내용을 유념하자.

1. 판매 포인트를 미리 준비한다.

- 당신이 제공할 수 있는 애프터들을 망라한 표를 만들어라.
- 애프터에 맞게 당신이 가지고 있는 판매 포인트를 재구성하라 : "이것이 고객님께도 좋은 이유는 이렇습니다."
- 애프터에 맞게 재구성한 판매 포인트를 표의 적당한 행에 배치하라.
- 표를 숙지한다.

2. 고객과의 미팅에서 그가 원하는 애프터를 알아내고 확신을 심어주며, 신뢰감을 얻기 위해 표에 마련된 재구성 판매 포인트 중 적당한 것을 활용한다.

그가 원하는 것, 그것을 주어라

당신만의 차별성을 돋보이게 한다

앞서 드릴과 구멍에 대해 생각해보았다. 이제 당신의 경쟁자들은 자신이 내놓을 수 있는 드릴에 대해서만 입에 침이 마르도록 떠드는 반면 당신은 고객이 원하는 구멍에 집중한다. 누가 더 좋은 기회를 갖겠는가?

다시 말해 경쟁자들은 'ABC' 의 A도 모른다. 그들은 하나마나한 말만 늘어놓을 따름이다. 그리고 그렇게 하는 사람들이 너무나 많다. 결국 그들은 세일즈를 하고 있다는 인상밖에 줄 수가 없다. 하지만 당신은 기꺼이 도우려는 자세로 고객에게 다가간다. 고객이 누구에게 마음을 열겠는가?

가격 결정을 유리하게 한다

가격에 관해 이야기하는 어색함은 피하는 것이 상책이다.

고객을 만났다. 고객은 당신이 마음에 들어 당신에게서 상품을 사기로 결심했다. 그리고 묻는다.

"좀 싸게 해주실 수는 없나요?"

애프터에 기초한 판매 전략이 좋은 점은 고객으로 하여금 미래를 내다보게 만든다는 사실이다. 그들은 당신이 한 일에 대한 값을 치르기보다는 당신과 함께 할 수 있는 미래에 투자하고 싶어한다.

이렇듯 가격에 관한 어색한 대화를 피하는 가장 좋은 방법이 애프터에 주목하는 것이다. 내 고객들 대부분은 이렇게 애프터를 강조하며 가격에 대한 합의를 이끌어낸다. 이는 내가 즐겨 쓰는 방법이기도 하다.

얼마 전, 대기업 한 곳에서 내게 마케팅 담당자들을 대상으로 강연해달라고 요청해왔다. 1,500명이나 참석하는 대규모 강연이었다. 그 회사는 강연료를 얼마나 주면 되겠느냐고 물었다. 대답을 하자, 그들은 눈이 휘둥그레져서 "좀 줄여주실 수 없나요? 한 시간 강연에 그 정도면 너무 엄청나요"라며 고개를 절레절레 흔들었다.

나는 이렇게 대답했다.

"하지만 그 한 시간을 위해 지불하시는 건 아니지 않나요?"

내 이야기는 계속 되었다.

"저는 강연에 참석하는 1,500명에게 이전에 결코 보지 못한 새로운 상품 판매 테크닉 다섯 가지를 가르칠 겁니다. 장담하건대 하나하나가 매출을 폭발적으로 이끌어줄 것들이죠. 그뿐만이 아닙니다. 강연이 끝나고 나면 바로 실전에 써먹을 수 있을 정도로 쉽고 분명하게 가르칠 겁니다."

여전히 놀란 얼굴인 그들에게 나는 이런 설명을 덧붙였다.

"1,500명이니까 각각 다섯 가지 테크닉을 구사하게 된다면 7,500가지 새로운 상품 판매 테크닉을 자랑하게 되는 거죠. 이렇게 계속된다면 그 효과는 놀랍지 않을까요? 제가 말하는 새로운 테크닉의 효과는 확실합니다. 회사의 상품 판매 건당 평균 매출액이 1만 파운드라고 하셨죠? 이제 강연이 끝나고 제 강연을 업무에 적용한다면 매출액은 그야말로 폭발적으로 늘어날 겁니다."

말을 끝내고 나는 잠깐 뜸을 들였다.

"제 강연료가 비싼 것은 이 때문입니다. 여러분은 한 시간의 강연만 듣고 끝나는 것이 아니라 매출액 증대라는 결실을 얻게 되죠. 사실 제가 확실하게 보장할 수 있는 것 중 하나는 마케팅 담당자들이 제 강연을 듣는 한 시간 동안은 그 어떤 상품도 팔 수 없다는 점입니다. 자리에 앉아 제 강연을 들어야만 하니까요. 그래서 말이지만, 제 한 시간 강연에 대한 값은 치르지 않으셔도 좋습니다. 제가 제시한 강연료는 여러분의 미래에만 해당합니다."

내 말은 열광적인 반응을 불러왔다.

"좋습니다. 그거 말 되는군요. 강연료 문제로 번거롭게 해드려서 죄송합니다."

여기서 나는 분명히 가격을 협상한 것이 아니다. 나는 내가 어떻게 그들을 도울 수 있는지 보여주었을 뿐이다. 우리는 양쪽 모두 회사의 애프터, 즉 마케팅 담당자들의 매출 증진에 기여할 수 있다는 데 합의한 것이다.

다시 말해 내 강연 내용을 강조하고, 내 경력을 떠벌이며, 지금까지 내 강연을 들은 고객 명단을 보여주며 강연료를 정당화하려는 실수를 저지르지 않은 것이다. 그런 식으로 한 시간 강연에 많은 돈을 요구하기란 어려운 일이다.

맺어야 할 때와 끊어야 할 때

ABC 접근법은 아주 간단하다. 고객이 원하는 애프터를 확인하고 그것을 해결해줄 수 있다는 믿음을 심어주는 것이다. 이토록 강력한 힘을 가진 기법이지만, 한 가지 무시하지 말아야 할 것이 있다.

고객을 방문하면 우리는 대개 어떻게 하는가? 유쾌한 대화를 이끌어야 하는 것은 물론이다. 고객이 당신이 하는 일에 깊은 인상을 받아야 한다. 고객이 좋은 반응을 보이면 이야기를 계속하고 싶어진다. 그만큼 고객이 대화를 즐기고 있기 때문이다.

하지만 그러다보면 집중력을 잃고 대화가 산만해질 수 있다. 원래 목적인 상품 판매는 까맣게 잊어버린 채 끝없이 이어지는 대화에만 열을 올린다. 당신은 그런 적이 없는가? 누구나 한 번쯤 그런 경험을 했을 것이다. 결국 인상적인 대화로 시작한 것이 온통 젤리로 범벅이 되고 마는 것이다.

상품을 판매할 때 잊지 말아야 할 핵심 포인트는 고객에게 "예, 좋습니다"라는 답을 이끌어내는 것뿐이다. 일단 고객이 당신에게서 구매하기로 결정했다면 더 이상 대화를 계속할 필요는 없다. 팔 것이 더 있더라도 일단 고객이 "예"라고 했으면 끝맺어야 한다.

ABC 접근법을 이용하면 "예"라는 대답을 훨씬 빨리 이끌어낼 수 있다. 고객과 미팅할 때 있는 깃 없는 깃 주절거리지 말고 "예"라는 답을 이끌어내는 데 전력을 기울여라.

마지막으로 이 장을 읽으면서 가졌을지 모를 질문에 답해보자. 아마도 당신은 이런 의문을 가졌으리라.

"그렇군요. 하지만 얼마나 오랫동안 고객을 설득하는 게 좋은가요?"

대답은 간단하다. 고객이 "예"라고 말할 때까지.

"예"를 얻고 나면 입을 닫아라. 이렇게 하는 것이 끈적거림이 없는 말끔한 상품 판매 기법이다. 고객이 알고 싶어하지 않는 것은 절대 말하지 말라. 고객이 이야기를 끝내고 싶어하면 바로 끝내라.

마지막으로 가장 중요한 것을 기억하자. "예"를 얻어내기 위해 최선을 다하라.

그가 원하는 것, 그것을 주어라

4

보이지 않는 손,
추천의 법칙

AFTER

만나는 사람의 유형
언제 대화를 나눌까?
애프터
애프터
처음 만나는 사람
인맥 쌓기 모임
상생관계
고객
마케팅
더욱 활발한 마케팅
추천인
추천해줄 사람 찾기
타깃 시장과 미팅
그룹
프레젠테이션
원하는 성과 도출
사업의 성장

내게 어울리는 사람은 누구인가?

'과연 어떻게 해야 사업을 키울 수 있을까?

나는 항상 이것이 중요한 문제라고 생각해왔다. 물론 선택할 수 있는 것은 많다. 팸플릿이나 신문·방송·메일링 광고·텔레마케팅·방문판매……. 모두 일장일단이 있다. 당신에게 하나만 고르라고 한다면 무엇을 택하겠는가? 쉬운 것 같으면서도 애매하기만 하다. 이럴 때 학창 시절로 돌아가보는 것이 좋은 방법이다.

언제 처음 이성에게 관심을 갖기 시작했는지 기억나는가?

당신도 나처럼 흥분된 시절을 보냈으리라. 어디서부터 어떻게 시작해야 좋을지 몰랐던 시절……. 누구에게 어떻게 말을 걸어야 하나, 무슨 말을 해야 하나, 마음에 드는 상대는 무엇에 관심을 가질까? 의문은 꼬리에 꼬리를 물었던 그때 그 시절…….

어떻게 해서 마음에 드는 상대를 찾아냈는지 기억나는가?

무작위로 편지를 보낸다면

자신을 멋지게 알리면서도 행운을 찾는 한 가지 방법은 자기 자랑을 늘어놓은 편지를 쓰는 것이다.

"안녕. 나는 축구를 잘하고, 수학은 전교 1등이야. 그리고 퍼즐을 아주 좋아해."

그리고는 이 편지를 100여 통쯤 복사해 여학생들의 책상 서랍마다 넣어두는 것이다. 누구에게서 어떤 답장이 올까 설레는 마음으로. 우리가 흔히 하는 전단지 배포처럼.

물론 이것이 통할 수도 있다. 하지만 솔직히 멍청한 짓이다. 답장이나 전화가 온다고 해도 제대로 된 것은 드물 수밖에 없다. 편지 쓰고, 복사하고, 일일이 넣으러 다니고……. 힘과 비용이 적잖이 든다.

이 방법이 통하려면,

□ 꿈에 그리는 이상형이
□ 당신과 같은 상대를 찾고 있고
□ 읽어야 할 정확한 타이밍에 편지를 읽어야 한다.

별로 그럴싸해 보이지 않는다. 더구나 편지 내용은 온통 끈적거림으로 가득하다.

게시판에 광고한다면

편지가 통하지 않는다면 멋진 쪽지를 만들어 게시판에 붙여 놓는 것은 어떨까? 누구든 쉽게 볼 수 있으니 좋은 방법이 아닐까? 신문이나 방송에 광고하듯이.

쪽지 상단에 당신의 사진을 붙이고, 이상형을 찾고 있다고 광고한다. 물론 자기와 만나야 하는 이유와 만나서 무엇을 할지도 적어야 한다. 저녁을 근사하게 사겠다든지, 함께 영화를 보러 가겠다거나, 원하는 것은 무엇이든 사주겠다는 식으로…….

만약의 경우를 위한 단서 조항을 넣어둘 수도 있다.

“마음에 들지 않는다면 곧장 집으로 돌아가도 좋아. 더 이상 치근거리는 일은 없을 테니까.”

이 방법은 통할까? 아무튼 무작위로 보낸 편지보다는 나아 보인다. 사람들이 환한 빛 아래에서 당신을 볼 수 있지 않은가. 아무도 게시판에 쪽지를 붙여 놓지 않았거나 당신 쪽지가 가장 멋지다면……

하지만 여기서도 문제는 앞의 경우처럼 세 가지 조건이 동시에 충족되어야 한다는 점이다. 이 방법이 통하려면 꿈에 그리는 이상형이, 바로 당신과 같은 상대를 찾고, 정확한 타이밍에 그것을 보아야 한다. 별로 그럴싸해 보이지 않는다.

어떤 반응도 오지 않을 수 있다. 또 원하지 않는 상대로부터 반응이 온다면 어쩔 것인가?

□ 연령대가 맞지 않는 상대거나
□ 됨됨이가 형편없는 상대 또는
□ 엉뚱한 성별을 가진 상대

어느모로 보나 장소 선택을 잘 해야 성공 가능성이 높아질 것이다. 이를테면 같은 연령대의 여학교 교실 말이다. 그래도 여전히 이상적인 방법은 아니다. 좀더 나은 방법이 있을 텐데……

홈페이지에 알린다면

학교 홈페이지 편집을 맡고 있는 친구를 알고 있다면 왜 그를 활용하지 않는가? 당신에 관한 멋진 기사와 함께 이성친구를 구하고 있음을 널리 알리는 것이다. 실물보다 멋지게 나온 사진을 싣게 하고, 당신을 잘 아는 친구들의 말을 몇 마디 인용한다.

"정말 멋진 녀석이야. 이 친구라면 나는 누구에게든 추천할 거야.'

이 방법은 아주 많은 장점을 가지고 있다. 당신을 멋지게 노출시킴으로써 사람들로 하여금 당신을 알고 싶다는 호기심을 갖도록 한다. 메일링 광고처럼.

하지만 성공 확률을 1에서 10까지 매겨본다면(10은 당신과 꼭 만나고 싶은 경우, 1은 단호하게 거절할 경우다), 10점이 나오기는 그야말로 하늘의 별 따기다. 아무리 글이 훌륭하더라도 상대가 반응을 보이지 않으면 그만이다. 6에서 7점 정도의 기사가 나갔다고 해도 당신은 여전히 상대의 평가를 10점으로 바꾸어놓아야 한다.

아무리 사진과 내용이 인상적이라고 해도 상대가 먼저 반응을 보이며 응할 가능성은 희박하다. 따라서 이 방법도 아닌 것 같다.

무작위로 전화 걸기

같은 또래의 여학생들 전화번호를 모두 알아내어 모두에게 전화를 걸어보는 것은 어떨까? 텔레마케팅이 그렇듯이. 이를테면 다음과 같이 말을 거는 것이다.

"안녕, 나 ○○야. 내가 아주 좋은 제안 하나 할게. 함께 즐거운 시간을 보내는 게 어때? 이번 달 일정표를 보니 아직 세 번의 저녁시간이 비어 있네. 서둘러, 네게 기회를 줄게."

쾅 하고 전화를 끊는 소리에 더할 수 없이 비참해지는 모습이 선하게 그려지지 않는가? 혹은 이런 끔찍한 반응이 올 수도 있다.

애프터의 힘

□ "지금 전화 받을 기분 아니야."

□ "어떻게 감히 전화 걸 생각을 해?"

□ "나 지금 공부하는 중인데, 방해하지 마."

□ "너 이 번호 어떻게 알았어? 다시는 전화하지 마."

□ "아, 그래? 너에 대해서는 얘기 많이 들었어. 하지만 너와 내가 어울린다고 생각해?"

□ "그렇게 시간 많으면 다른 사람이나 알아봐."

이 정도는 그래도 공손한 반응이다. 결국 이 경우도 시간만 허비했지 얻은 것이라고는 공격적이고 부정적인 반응뿐이다.

그 어떤 방법도 이상적이지 않다. 편지나 쪽지, 홈페이지 혹은 전화 걸기 등은 문제가 많은 방법이다. 쓸 데 없는 젤리로 가득할 뿐만 아니라, 비용과 시간이 많이 들며, 불필요한 다툼과 갈등을 일으킬 소지 역시 크다. 그리고 가장 중요한 점은 이런 방법들은 상대방에게 전혀 통하지 않는다는 사실이다.

나의 짝을 찾으려면 이렇게 하라

내가 보기에 가장 간단한 방법은 이렇다.

1 — 주변을 돌아보고 당신 마음에 드는 이성친구를 골라라.

2 — 친구들에게 당신이 마음에 드는 상대에 대해 알고 있는지 물어보라.

3 — 친구가 그 사람을 알고 있다면 당신을 그 사람에게 잘 소개시켜 달라고 부탁한다.

4 — 친구가 중간에서 다리를 놓고, 만나겠다고 승낙하면 시간을 정한다.

이것이 가장 좋은 방법이 아닐까. 그 이유를 꼽아보자.

□ 상대는 당신에 관한 이야기를 듣고 흥미를 느낀다. 결국 초대에 응하지 않았는가.
□ 만나기 전에 상대는 당신에 대해 좋은 인상을 갖는다.
□ 상대는 개인적인 소개로 당신에 관해 처음 들었다.
□ 어색함이 자연스럽게 사라진다. 당신과 만나기를 기대한다.
□ 어떤 이야기를 나눌지 충분히 예상하고 나오기 때문에 이야기를 잘 받아들인다.
□ 끈적거림이라고는 찾아볼 수 없다. 오로지 상대에게 100퍼센트 관련 있는 말로 당신을 선보일 수 있었다.

진솔하게 다가서면 관계는 훨씬 더 잘 풀리며, 꼬인 것도 말끔하게 풀 수 있을 것이다. 끈적거림도 없으며, 비용도 들지 않고, 시간을 허비하지도 않았다. 불편함과 불쾌함으로 다투는 일도 없다. 빠르고 쉽게 그리고 편안하게 서로 마음을 주고받을 수 있다.

이처럼 자연스럽게 만날 수 있는 유일한 방법은 그를 아는 친구로부터 당신을 추천하게 하는 것이다. 이 방법은 언제나, 어디서나, 누구에게든 통한다.

애프터의 힘

비즈니스 경쟁에서 앞서가고 싶다면

이 장을 시작하면서 던졌던 첫 질문으로 되돌아가자.

"사업을 더욱 키우기 위한 마케팅 방법을 하나만 고르라면?"

이제 그 대답은 간단하다. 효과적인 마케팅은 학교에서 자기 짝을 찾는 것과 아주 흡사하다. 예를 들어 브로슈어와 메일 등을 보내 홍보하는 것은 편지를 써서 서랍 안에 넣어두는 것과 마찬가지다.

마케팅과 이성친구 찾기, 두 상황 사이의 유사점을 표로 정리해보자.

〈마케팅과 이성친구 찾기의 유사점〉

마케팅	이성친구 찾기
브로슈어 / 메일	서랍에 편지 넣어두기
광고 포스터	메모판에 쪽지 붙여놓기
홍보	홈페이지에 기사 싣기
텔레마케팅	무작위로 전화 걸기
추천받기	친구로 하여금 나를 추천하기

브로슈어나 메일을 사용한 마케팅은 편지를 서랍 안에 넣어두는 것과 같다. 물론 통하기는 한다. 멋지게 꾸민 브로슈어는 건실하고 가치 있는 회사라는 인상을 심어줄 수 있다. 하지만 편지와 마찬가지로 비용이 많이 들며, 많은 사람들은 거들떠보지도 않은 채 내팽개쳐버린다. 그리고 이것이 정말 상품 판매에 도움이 되는지 확인하기도 쉽지 않다. 게다가 브로슈어가 대개 그렇듯 온갖 끈적거림으로 가득 차 있다. 독자들은 내용에 별로 관심을 갖지 않는다. 앞서와 같이 그 효과를 1에서 10점으로 평가하면 기껏해야 6,

보이지 않는 손, 추천의 법칙

7점 정도 딸 수 있을 뿐 결코 10점을 기록할 수 없다.

텔레마케팅도 마찬가지다. 고객과 직접 통화한다는 장점은 있지만 역시 많은 문제점을 안고 있다. 통화를 유도하기가 힘들 뿐만 아니라, 대개 퉁명스러운 반응을 보이며, 쾅 하고 전화기를 내려놓는 일도 흔히 벌어진다.

광고 포스터를 붙이는 것도 학교 홈페이지에 기사를 올리는 것과 같이 강력한 효과를 낳을 수는 있다. 그렇지 않다면 미국의 상위 25개 광고주들이 매년 평균 500억 달러에 이르는 막대한 비용을 쏟아 붓겠는가. 하지만 광고가 매출과 직결된다고 보장하지 못한다. 단지 비용만 많이 들 뿐이다.

그래서 '백화점 왕' 으로 불리는 존 워너메이커는 이렇게 말했다.

"광고비의 절반은 헛되게 낭비하고 있다는 걸 알겠는데, 그게 어느 절반인지 통 모르겠단 말이야."

기사를 이용한 홍보도 강력한 효과를 내기는 한다. 하지만 10점 만점의 만족을 기대하기는 어렵다. 특히 좋은 광고는 막대한 비용이 들기 때문에 소규모 기업은 감당하기 어려운 경우가 많다.

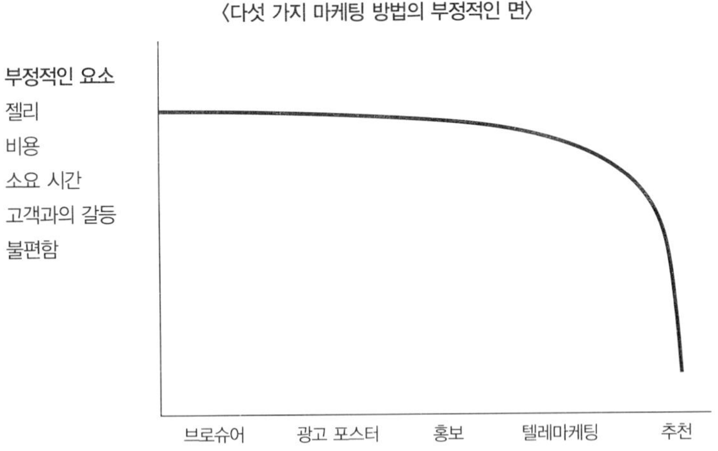

〈다섯 가지 마케팅 방법의 부정적인 면〉

애프터의 힘

그래프는 분명하고도 간단한 진리를 보여주고 있다. 가로 축의 마케팅 기법들이 각각 지니는 효과를 분명히 대비시키고 있다(어쨌거나 텔레마케팅을 당해 불쾌했던 경험은 누구나 가지고 있지 않은가). 여기서 볼 수 있듯이 한 가지만은 분명하다. 부정적인 요소를 가장 적게 가지고 있는 것은 추천이다.

동전의 다른 면을 보려는 노력은 언제나 훌륭한 태도다. 아래 그래프는 다섯 가지 마케팅 기법의 긍정적인 면, 즉 얼마나 고객에게 확신을 심어주는가 하는 측면에서 만들어본 것이다.

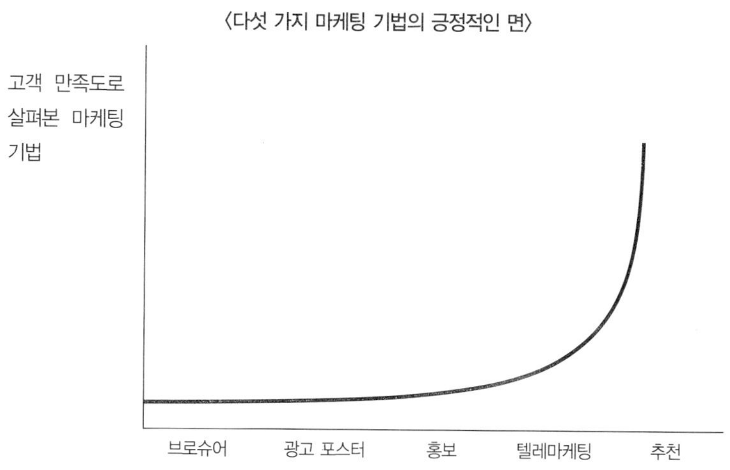

물론 경우에 따라 각각의 기법은 다른 성과를 거둘 수 있다. 하지만 한 가지만큼은 명백한 진리다. 추천이야말로 당신의 사업을 키우는 가장 좋은 방법이다.

앞서 살펴본 두 가지를 종합하면 170페이지와 같은 그래프가 나온다. 다섯 가지 마케팅 기법의 순수한 효율성, 즉 어느 것이 부정적인 요소를 가장 적게 가지고 있는가는 그래프 상의 두 곡선의 차가 분명하게 보여주고 있

보이지 않는 손, 추천의 법칙

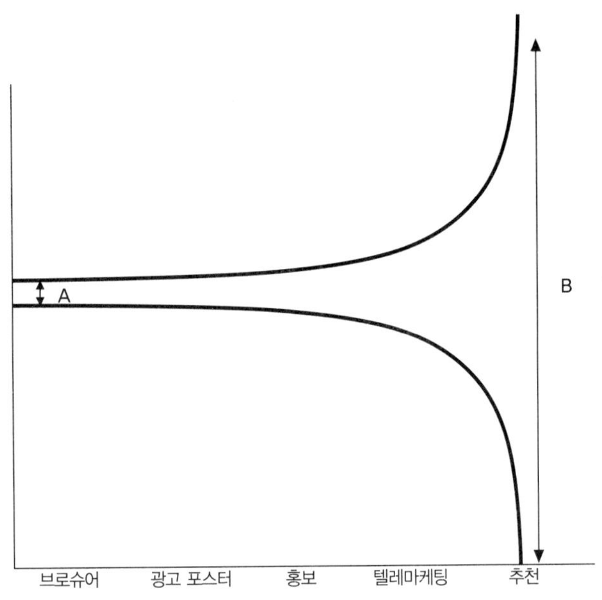

다. 여기서 보듯이 A 편차, 즉 브로슈어를 이용한 것과 B 편차, 즉 추천에 의존하는 것이 가장 큰 차이를 보인다. 이 그래프는 다음과 같은 점들을 명백하게 증언하고 있다.

□ 부정적인 요소가 가장 적은 것은 추천이다.
□ 사업을 키우는 가장 좋은 방법은 추천이다.

마지막으로 내가 처음 던졌던 질문에 답을 정리해보자. 아주 간단하다.

|문| 사업을 키우기 위한 마케팅 기법을 하나만 택한다면?

|답| 의문의 여지 없이 추천이다. 추천은 언제나 통하는 방법이다.

추천보다 강력한 힘은 없다

내가 지금까지 봐온 마케팅 관련 웹사이트들 중에서 가장 훌륭한 것은 www.draytonbird.com이다. 물론 이 사이트의 운영자는 드레이턴 버드다. 이 사이트는 모두 457개의 페이지를 가지고 있고, 276항목의 문답으로 마케팅을 풀어놓고 있으며, 52개의 짤막한 케이스 소개와 함께 65개의 장문 기사들을 실어놓고 있다. 전 세계의 수많은 마케팅 담당자들이 이를 활용하고 있다. 이들이 사이트에 머무르는 시간은 평균 23분이다. 일반적으로 한 웹사이트에 머무는 시간이 1, 2분에 불과한 것을 생각하면 이는 상당한 시간이다.

내가 만약 당신이라면 그 사이트를 열심히 들여다볼 것이다. 사람들이 평균 23분 동안 이 사이트에 머무른다고 하니, 이 사이트의 가치는 말하지 않아도 충분히 짐작할 수 있다. 거의 모든 마케팅 기법이 망라되어 있고, 참고할 만한 정보들이 가득하다. 시간을 들이는 게 조금도 아깝지 않을 것이다. 비싼 돈을 주어야 얻을 수 있는 고급 정보들을 마음껏 공짜로 받아 볼 수 있다. 직접 사이트에 들어가 보라. 내 말이 틀리지 않음을 확인할 수 있으리라.

이제 한 가지 묻겠다. 내 말을 듣고 지금 당신은 그 사이트에 큰 관심을 갖게 되었을 것이다. 놀라울 것은 전혀 없다. 이처럼 개인적인 추천은 설득력이 대단하다. 더욱이 추천에 열정이 담겨 있으며, 어느모로 보나 도움이 되는 경우에 그 설득력은 더욱 커진다.

보이지 않는 손, 추천의 법칙

추천에 문제가 있다? 아니, 그토록 이상적인 추천에 무슨 문제가 있을까? 추천이 안고 있는 결정적인 문제는, 아무리 많은 추천을 받아도 만족할 수 없다는 점이다.

사람들이 당신을 추천하면 할수록 당신은 만족할 수가 없다. 그만큼 추천은 밀접하고 빠른 효과를 나타내기 때문이다. 게다가 장애 요소도 별로 없다. 많은 돈을 들여 브로슈어와 홍보물을 제작하는 것과 비교도 할 수 없을 만큼 저렴하다. 부정적인 점은 눈을 씻고 찾으려 해도 보이지 않는다. 다만 당신이 만족할 정도로 사람들이 당신을 추천할 수 없다는 점을 명심해야 한다.

추천을 통해 사업을 키우려 생각했다면 당신은 다른 사람들의 추천에 의존하게 된다. 다른 사람에게 자신의 사업을 의존한다? 이게 추천이 안고 있는 문제점이다. 다른 사람에게 의존한다는 것은 당신 사업의 성장속도를 제삼자에게 맡겨 놓는다는 것을 의미한다.

그리고 이 제삼자는 당신을 추천하는 것보다 더욱 중요한 다른 일이 있다. 바로 자신의 사업이다. 자신도 먹고 살기 바쁜 마당에 남에게 신경써줄 여유를 가진 사람은 흔하지 않다.

하지만 미리미리 추천을 받아놓는다면 문제는 간단히 풀리지 않을까. 미리 준비해놓는다면 제삼자도 큰 부담을 갖지 않을 수 있다. 바꾸어 말해 제삼자에게 부담을 주지 않는 범위 안에서 추천이 갖는 모든 장점을 만끽하는 것이다.

추천을 이용하는 것보다 저렴하고 손쉬운 판매 기법은 없다. 그리고 이

보다 확실한 홍보 효과를 지닌 것도 없다. 이에 동의한다면 적절하게 추천
받을 수 있는 방법을 찾아보기 바란다.

추천의 기초를 닦아라

추천의 구조

앞서의 이성친구 찾는 방법에서 나과 나의 친구, 나의 이상형이 한데 어
우러져야 하듯 비즈니스의 추천에서도 세 파트가 함께 작용해야 한다. 세
파트란 이렇다.

1 — 나
2 — 나를 추천해줄 인물
3 — 내가 이야기 나누고 싶은 사람

다른 말로 바꾸면 이렇게 정리할 수 있다.

1 — 나
2 — 추천인
3 — 타깃

쉽게 말해 만나고 싶은 사람에게 당신을 소개해줄 추천인이 있어야 추천
은 이루어진다.

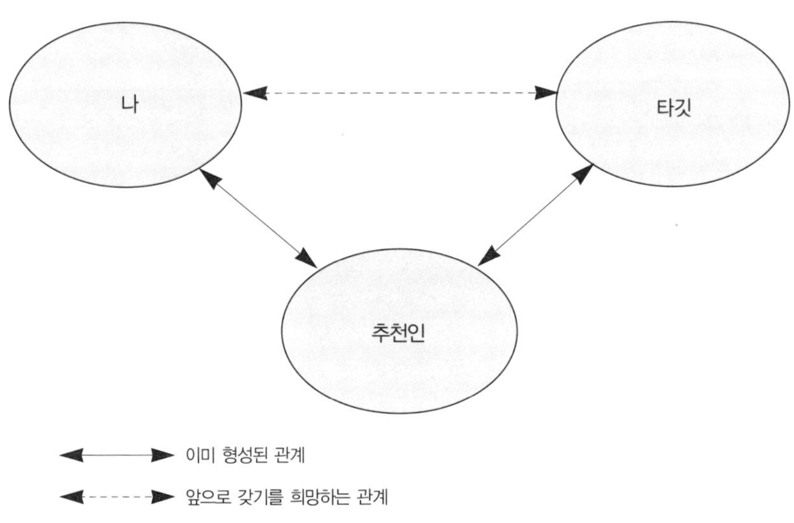

여기서 추천이 무엇인지 좀더 명확하게 짚어보는 것이 좋겠다.

□ 개인적인 추천(이를테면 추천인에 의한)

□ 아직 알지 못하지만 알고 싶은 인물(타깃)

□ 나의 타깃이 사업상의 목적으로 당신과 이야기를 나누고 싶어한다.

□ 나와 타깃의 만남이 이루어진다.

이 네 가지 중 어느 것 하나만 빠져도 추천은 이루어지지 않는다. 다시 말해 추천인은 당신이 타깃에게 전화를 걸기 전에 기대감을 갖도록 타깃을 충분히 달구어 놓아야 한다. 이런 작업 없이 덥석 전화를 걸어, "안녕하세요, 저는 존이라고 합니다. 밥 존스가 당신에게 전화해보라고 하더군요" 하는 식으로는 성공할 가능성이 희박하다. 타깃이 당신에 대해 아무것도 들지 못한 마당에 이런 전화는 상대방을 당황하게 만들 뿐이다. 자칫 거부감만 키울 수 있다.

추천의 황금법칙

1. 추천을 얻으려면 적극적으로 행동하라

아주 간단한 법칙이지만, 흔히 간과하는 것이기도 하다.

사업의 성장 속도를 주도하는 것은 당신이지 제삼자에게 의존해서는 안 된다고 한 말을 기억하는가? 첫 번째 법칙은 이렇듯 무슨 일이 일어나기를 기다리는 수동적인 태도로는 아무것도 이룰 수 없음을 강조한다. 추천을 얻기 위해 필요한 것은 적극적인 태도다.

'아주 잘 하고 있어. 이걸 본 고객이 기꺼이 추천해줄 거야.'

사업을 하는 사람들에게는 흔히 이런 생각이 가슴 속 깊이 똬리를 틀고 있다. 당신 역시 정말 그렇게 믿는가? 아니다. 고객은 자발적으로 추천하지 않는다. 물론 추천하는 고객이 없지는 않을 것이다. 하지만 이는 당신의 기대에 훨씬 못 미친다.

여기에는 여러 가지 이유가 있다. 그 중 하나를 들면, 고객이 당신을 추천하지 않는 것은 추천할 생각을 하지 않아서 그런 것이 아니다. 거래처를 돕는 것보다 자신의 사업을 하는 데 더 많이 신경 쓰기 때문이다.

더 큰 문제는 추천하는 고객은 그에 상응하는 대가를 원한다는 점이다. 이것이 기대에 미치지 못할 경우 오히려 고객은 당신에 관한 나쁜 소문을 퍼뜨리기 쉽다. 당신이 잘 대해주어도 상황은 별반 달라지지 않는다. 훌륭한 서비스는 으레 그러려니 기대하기 때문에 굳이 다른 사람들에게 전해주지 않는다.

보이지 않는 손, 추천의 법칙

2. 서로에게 이득이 되도록 하라

앞서 확인했듯이 추천에는 당신 본인과 추천인 그리고 타깃, 이렇게 세 파트가 있다.

이 세 파트 중 어느 하나라도 불이익을 당하는 경우에는 성공적이면서도 지속적인 거래는 이루어질 수 없다. 다시 말해 당신은 나머지 두 파트와 몹시 껄끄러운 관계를 갖게 된다. 추천이 최고의 마케팅인 것만은 두말할 필요도 없다. 그렇기 때문에 추천 문제로 인해 당신 본인과 추천인 그리고 타깃의 관계가 어긋나는 파국은 피해야만 한다.

몇 년 전, 내 가까운 사이인 톰은 조경사인 친구의 사업을 돕기로 했다. 그래서 톰은 친구를 이웃에게 소개해주었다.

이웃을 방문한 조경사는 견적을 뽑고 나서 엄청난 가격을 불렀다. 이에 불쾌해진 이웃은 톰을 찾아가 가격이 너무 높다면서 좀 깎을 수 없는지 물어봐 달라고 부탁했다.

톰은 난처하기 이를 데 없는 상황에 빠지고 말았다. 어떻게 해야 자신과 친구, 이웃 모두 상처를 입지 않고 문제를 마무리할 수 있을지 난감했기 때문이다.

톰이 이웃에게 "좋습니다. 정 그러시다면 제 친구에게 값을 좀 깎아달라고 부탁하죠"라고 말했다면 조경사는 "뭣하러 제값도 치를 수 없는 사람을 내게 소개해주었냐"라며 화낼 것이 분명했다. 반대로 톰이 "아닙니다. 제가 보기에 아주 공정한 가격입니다"라고 말했다면 이웃과의 관계는 결정적인 타격을 입을 것이다.

당신이 이런 난처한 상황에 처했다면 어떻게 해결하겠는가? 톰은 이후로 다시는 누구를 도울 요량으로 추천 같은 것은 절대로 하지 않겠노라고 다짐했다.

결국 이웃은 조경사의 견적을 정중히 거절하고 다른 사람에게 일을 맡겼다. 다행히 세 사람의 관계는 다행히 큰 타격을 입지 않는 선에서 마무리되었다.

하지만 상황은 당신의 예상과는 달리 파국으로 치달을 수도 있다. 이것이 바로 추천이 안고 있는 일반적인 문제점이다. 당사자들의 섬세한 균형감각이 무엇보다도 중요하다. 그래야 세 파트 모두 만족할 수 있다. 당신과 추천인, 타깃이 함께 행복할 수 있는 길을 찾아야 한다. 이것이 추천의 핵심이다.

> **추천의 황금법칙 2**
> 추천이 제대로 효과를 발휘하기 위해서는 당사자들 모두에게 이득이 되어야 한다.

3. 추천인과 타깃이 만족해야 한다

마지막으로 살펴보고자 하는 법칙은 앞서의 두 가지 법칙, 적극성과 균형감각을 종합한 것이다. 추천인은 의심할 여지없이 당신과 타깃 사이에서 공정하게 처신해야 한다. 당신에게 타깃이 되는 사람은 추천인과 좋은 관계를 맺고 있음을 기억하자.

다음 페이지 표는 우리가 추천을 얻기 위해 흔히 던지는 질문들이 각 당사자들에게 어떻게 작용하는지 정리해본 것이다.

〈추천을 얻기 위해 흔히 하는 질문과 당사자들의 이득 여부〉

추천을 얻기 위한 질문	이득 여부 : 나	추천인	타깃
"제 사업을 도와줄 분을 아세요?"	○		
"건축가가 필요합니다. 알고 계시는 분 없나요?"	○		○
"제가 일을 잘 하는 건 아시죠? 제가 함께 일할 수 있는 분을 알고 계시면 추천해주세요."	○		경우에 따라
"지난주에 추천해드렸죠? 이번에는 저 좀 추천해주세요."	○		
"추천해주시면 응분의 사례를 하겠습니다."	○	○	

위의 어느 질문도 세 파트 모두에게 아무런 도움도 되지 못한다는 점은 분명하다. 따라서 그 어느 것도 적절하지 않다. 당신에게 아무런 도움이 되지 않는데 부탁받았다고 해서 거래처를 누군가에게 추천하지는 않을 것 아닌가.

표의 맨 아래 것, 즉 사례를 주는 것은 자못 흥미를 끈다. 사람들은 추천의 대가를 원하기 때문이다. 하지만 이것 역시 좋은 방법은 아니다. 타깃에게 아무런 이익을 줄 수 없다는 것이 그 이유다. 또 약간의 금전적인 보상이 추천하는 주요 동기는 아니다. 그 이유는 잠시 뒤에 살펴보기로 하자.

추천의 세 가지 황금법칙을 기억하자

1. 추천을 얻기 위해서는 적극적인 태도를 지녀야 한다.

> 2. 추천이 효과를 발휘하기 위해서는 무엇보다 당사자들 모두에게 이득이
>   되어야 한다.
>
> 3. 추천인과 타깃이 모두 만족을 누릴 수 있어야만 한다. 이 책임은 명백히
>   당신의 몫이다.

누구에게나 도움되는 추천이어야

추천의 황금법칙 중 두 번째는 추천이라는 행위에 참여한 모든 당사자가
이익을 볼 수 있어야 한다는 점을 분명히 하고 있다. 그리고 세 번째 법칙
은 이렇게 만드는 책임이 당신에게 있음을 강조한다.

책임 운운하니까 무슨 어마어마한 말처럼 들릴지도 모르겠다. 어떻게
해야 당신의 사업을 키우는 것이 모두에게 도움이 된다고 설득할 수 있을
까? 이렇게 생각할 것 하나 없다. 방법은 당신이 생각하는 것보다 훨씬 더
간단하다.

1. 추천이 당신에게 주는 이익

두 말할 필요 없이 분명하다. 보다 적은 비용과 시간으로, 깔끔하게, 서
로 얼굴 붉히는 일 없이 사업을 키우는 데 추천만한 것은 없다.

2. 추천이 타깃에게 주는 이익

타깃의 입장이 되어 생각해보라. 거래처를 어떤 방법으로 선택할까?

☐ 지역 사업체 색인을 찾아보고 고른다.

□ 인터넷을 검색한다.

□ 믿을 만한 사람에게 좋은 거래처를 추천해달라고 부탁한다.

사업을 하는 사람이라면 누구든 마지막 방법을 택할 것이다. 지인의 추천으로 기업과 거래를 트는 일은 쉽게 찾아볼 수 있다. 우선 신뢰할 수 있고, 추천을 받을 만큼 실력을 갖추고 있다고 판단하며, 중간에서 추천해준 사람의 얼굴을 봐서라도 당신은 최선을 다할 것이기 때문이다.

믿음에 기초한 추천은 당신 자신에게도 큰 도움이 된다. 최근 새 동네로 이사를 갔다고 치자. 솜씨 좋은 인테리어, 세탁소, 그 동네에서 가장 맛있는 음식점 등을 찾고 싶다면 어떻게 할 것인가? 당연히 당신은 그 동네에서 믿을 만한 사람들에게 물어볼 것이다.

사업에 있어서도 마찬가지다. 회사가 새 문구 공급업자를 필요로 한다면, 거래처에 전화를 걸어 좋은 업자를 소개해달라고 하는 게 훨씬 간편하고 효과적인 방법 아닌가.

이렇게 볼 때 타깃도 추천받는 것을 좋아한다. 어찌 보면 스스로 추천을 찾고 있기도 하다. 이와 같은 점들을 종합해보면 추천인도 적지 않은 혜택을 누리게 된다.

3. 추천인이 누리는 혜택

어린 시절, 나는 크리스마스에 친척 어른들로부터 용돈 받는 것을 무척 좋아했다. 어떤 분은 가끔 주었고, 또 어떤 분은 기억하기도 싫지만 전혀 주지 않았다. 어쨌거나 에텔 숙모는 크리스마스면 빠짐없이 내게 용돈을 주곤 했다. 물론 이런 고백이 어린 시절의 나를 돈만 밝히는 사람으로 보이게 만든다는 것을 모르지 않는다. 하지만 그래도 에텔 숙모가 제일 좋았던 기억만큼은 선명하다.

추천도 마찬가지가 아닐까. 방금 우리가 보았듯이 타깃은 추천받는 것을 좋아한다. 타깃은 정기적으로 새로운 사람을 소개해주는 사람, 즉 추천인을 무척 고마워한다. 그리고 이것은 추천인에게 좋은 일이기도 하다.

아래 그림에서 볼 수 있듯이 추천인은 추천 행위의 세 당사자들 가운데 유일하게 두 개의 확립된 관계를 가지고 있다.

<나와 타깃과 추천인의 관계>

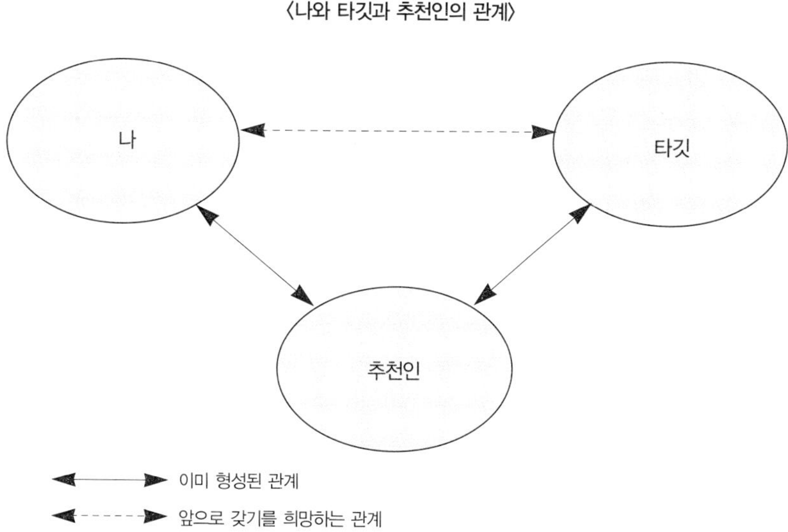

이는 잘 이루어진 추천은 한 사람만이 아니라 두 사람에게 긍정적인 효과를 갖는다는 것을 의미한다.

이 효과는 단발로 끝나는 것이 아니라 연쇄반응을 일으킨다.

□ 우선 타깃에게 잘 보이려고 노력한다. 함께 알고 지내면 많은 도움이 될 것이라는 인상을 주려고 애쓴다.

보이지 않는 손, 추천의 법칙

□ 당사자 모두가 감사하는 마음을 가지게 된다. 이는 곧 어떤 방식으로
든 보답하려는 자세를 갖게 된다는 것을 뜻한다.

이 같은 두 가지 효과는 여러 연구 결과에 의해 사실로 입증되고 있다. 인간은 보답할 줄 아는 동물이다. 우리는 상대방의 친절을 잊지 않으며, 어떤 형식으로든 보답하려 노력한다. 나를 도와준 사람은 언젠가 반드시 내가 도와준다.

이렇게 볼 때 추천인은 두 사람에게 보답할 수 있는 좋은 기회를 준 것이 아닌가.

더 많은 추천을 끌어 모으려면

지금까지 우리는 사업을 키우는 데 추천이 얼마나 많은 도움이 되는지 살펴보았다. 사실 추천은 한 가지 문제를 안고 있다. 아무리 해도 부족한 것이 추천이다.

이제 어떻게 하면 가능한 한 많은 추천을 적극적으로 구할 수 있는지 알아보자. 183페이지 표처럼 여기에는 다섯 가지 단계가 있다.

절대로 추천인을 과소평가하지 말라

부담 없이 전화를 걸어 이야기를 나눌 사람을 얼마나 많이 알고 있는가? 곰곰이 생각해보면 떠오르는 사람이 꽤 많을 것이다. 가족 · 친구 · 고객 ·

〈더 많은 추천을 얻기 위한 다섯 단계〉

단 계	제 목	내 용
1	절대로 추천인을 과소평가하지 말라	상대방이 추천을 얻는 데 얼마나 소중한 사람인지 항상 새긴다. 이렇게 하면 늘 의욕적으로 다가갈 수 있다.
2	해야 할 것은 미리 준비하자	추천을 얻는 데 중요한 두 가지를 항상 기억하자.
3	누구에게 추천을 부탁할지 유념하라	다른 사람보다 당신을 추천할 수 있는 특정 그룹이 있다.
4	끈적거림 없이 깔끔하게 추진하라	추천은 항상 정당한 방법으로 요청해야 한다.
5	오랜 기간 추천을 확보하라	몇 가지 요령만 참고하면 오랜 기간에 걸쳐 좋은 관계를 유지할 수 있다.

동료직원을 비롯해 선후배·동창·비즈니스 파트너·이웃·스포츠클럽 회원……. 이런 식으로 찾아보면 최소한 100명은 되지 않을까.

하지만 좀더 신중하게 고른다면 당신이 전화를 걸 수 있는 확실한 사람은 약 50명쯤 될 것이다.

그러면 이제 전화를 받는 사람의 입장에서 생각해보자. 당신의 전화를 받은 상대방은 또 얼마나 많은 사람들에게 전화를 걸 수 있을까? 저마다 또 50명에게 전화를 걸 수 있지 않을까.

이론적으로만 따져보면, 당신의 전화를 받은 50명은 더 나아가 각각 50명씩 또 당신을 추천할 수 있을 것이다.

이렇게 해서 50명이 각각 50명씩 전화한다면 전부 2,500여 통의 추천을 하는 게 된다. 이는 단지 두 번의 단계를 거쳐 2,500명이라는 기하급수적인 추천을 따낼 수 있다는 것을 뜻한다. 그리고 이런 전화 통화는 모두 좋은 친구들 사이에서 이루어졌다(당신과 추천인, 추천인과 타깃).

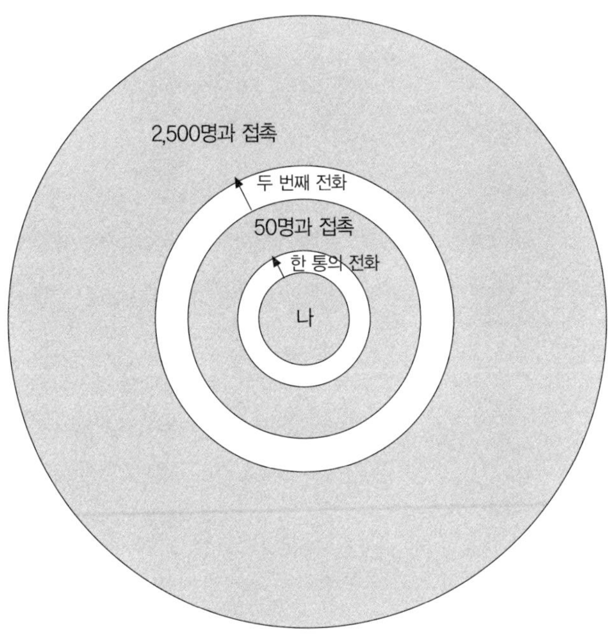

단 두 번의 단계만 거치면 2,500명을 확보할 수 있다.

이 2,500명 가운데 당신의 도움을 필요로 하는 사람은 반드시 있지 않을
까? 이는 곧 단 10분만에 충분히 달구어진 추천을 상당히 확보했음을 의미
한다. 물론 단서는 있다. 그와 나누는 통화는 어디까지나 정중하고 깔끔해
야 한다.

이처럼 추천인의 힘은 더할 나위없이 막강하다. 한 사람의 추천은 엄청
난 파급효과를 불러온다. 그런 사람이 많으면 많을수록 좋다. 따라서 언제
나 더 많은 추천을 얻어내는 데 초점을 맞추어야 성공적인 사업을 일굴 수
있음을 명심하자.

해야 할 것은 미리 준비하자

1. 추천인에게 충분한 정보를 주어라

지금 나는 내가 무척 사랑하는 누군가에게 줄 DVD를 사려고 한다. 어떤 게 좋을지 한번 생각해보자. 먼저 떠오르는 것을 다음 빈칸에 적어본다.

이제 내가 선물하고 싶은 사람이 누구인지 약간만 귀띔해주겠다. 이 힌트를 듣고 선택을 바꾼 다음 그 새 제목을 아래 공란에 적어라.

선물을 받을 사람은 여성이다.

다시 나는 여러분의 귀에 속삭일 것이다. 선물을 받을 사람은 아홉 살 난 내 사랑하는 딸이라고. 서둘러 제목을 바꾸는 모습이 선하게 떠오른다.

내 딸이 좋아하는 필름은 여러 가지가 있다. 하지만 언제나 공통된 것은 동물이 등장한다는 점이다. 자, 이제 어떤 DVD를 추천하겠는가?

한 가지 깜빡했다. 내 딸은 동물이 등장하되 애니메이션보다는 생생한 영화를 좋아한다. 그러면 어떤 DVD가 좋을까?

마지막으로 내 딸이 가장 좋아하는 것은 〈래시〉 시리즈다. 그리고 아직 DVD로는 가지고 있지 않다. 이제 나는 어떤 DVD를 사야 할까?

두말할 것도 없이 여러분의 대답은 〈래시〉이리라.

이 연습은 추천이 가지고 있는 역설을 그대로 보여주는 예다. 내 관점에서 말한다면, 나는 그때그때 정보를 주어 당신이 어떤 DVD를 추천하면 좋을지 도왔다고 할 수 있다. 하지만 당신의 입장에서 생각하면 까다로운 옵션들로 가득하다. 결국 내가 충분한 정보를 주지 않았기 때문에 벌어진 일이다. 당신이 처음에 추천한 DVD가 내 딸에게 맞지 않는 것은 당연하다. 내가 처음부터 정확한 정보를 주었을 때에만 당신은 내게 좋은 추천을 해줄 수 있다.

이렇듯 추천을 바랄 때에는 먼저 자신의 속내를 정확히 밝혀야 한다. 누구든 당신을 필요로 하는 사람을 추천해달라고 하면, 도대체 당신이 원하는 타깃이 무엇인지 아리송할 뿐이다. 추천인이 도대체 당신이 원하는 사람이 누군지 알아내느라 시간을 허비한다면 그에게 도움이 될 것은 별로 없다.

2. 무엇을 이야기할지 분명히 하라

다음으로 필요한 정보는 당신이 대어와 어떤 애프터를 갖고 싶은지 분명히 하는 것이다. 당신이 사진작가라면, 대어는 브로슈어에 당신의 작품을 디자인해줄 그래픽 디자이너일 것이다. 그래픽 디자이너의 애프터에는 다음과 같은 것들이 포함되어야 한다.

□ 당신이 찍은 사진의 질을 살려 브로슈어가 한층 더 멋지게 보이도록 해야 한다.

□ 고객에게 깊은 인상을 심어주어야 한다.

□ 새 고객에게 보여줄 작품집을 훌륭하게 만들 수 있어야 한다.

□ 자신이 하는 일에 높은 자긍심을 가지고 있어야 한다.

□ 당신의 독특한 스타일을 살려 다른 그래픽 디자이너는 할 수 없는 것을 제공할 수 있어야 한다.

□ 언제나 작업 마감기한을 맞출 수 있는 책임감과 신의를 가져야 한다.

이 장에서 설명하는 것들을 최대한 활용하기 위해서는 더 읽기 전에 당신에게 필요한 정보들을 지금 준비해놓는 것이 좋다. 당신이 원하는 대어와, 그에게 기대하는 애프터를 적어보라.

보이지 않는 손, 추천의 법칙

〈대어에게 기대하는 애프터〉

대어(전문 분야)	애프터

이제 정리되었다면 당신이 알아야 할 것은 다음과 같다.

□ 누구에게 추천을 부탁할 것인가?

□ 끈적거림 없는, 깔끔한 시나리오

□ 어떻게 해야 추천받은 상대와 지속적인 관계를 쌓을 수 있을까?

누구에게 추천을 부탁할지 유념하라

BNI 창립자인 이반 미즈너는 그가 쓴 책《추천 비즈니스》에서 다양한 유형의 추천인들을 망라하고 있다. 그 중 특히 중요한 추천인들을 알아보자.

1. 당신의 고객

고객은 당신이 맡아준 일을 언급하면서 당신을 추천할 수 있다. 당신이 고객 A를 위해 일을 깔끔하게 마무리했다면 고객 B와 C를 소개시켜 달라고 부탁할 수 있다. 이처럼 고객은 미래 고객의 원천일 수 있음을 잊지 말자. 물론 다른 사람들도 생각해볼 수 있다.

2. 친구와 가족

내 고향인 리버풀에는 유명한 라디오 방송인이 있었다. 내가 사업을 시작했을 무렵 그를 매우 만나고 싶었다.

그래서 나는 내 홍보 일을 맡아 하던 제인에게 그 사람과 만나게 해줄 것을 부탁했다. 제인은 다방면으로 인맥을 활용해 만남을 주선하려 애썼다. 시간은 몇 주나 걸리기는 했지만, 어쨌거나 약속을 잡아주었다.

뛸 듯이 기쁜 나는 어머니에게 내가 그와의 만남을 얼마나 고대하는지 털어놓았다. 또 만남을 주선하기 위해 애쓴 제인의 노력에 무척 고마워한다고 하면서…….

그런데 어머니의 대답이 걸작이었다.

"나도 그 사람 안단다. 자선단체에서 함께 일한 적이 있지. 가만 있자, 내 핸드폰에 그 사람 전화번호가 있을 거야."

나는 눈과 귀를 의심하지 않을 수 없었다. 제인은 약속을 잡기 위해 몇 주 동안 사방팔방으로 뛰었는데 어머니는 내 이야기를 듣는 즉시 그 사람과 연결시켜주는 게 아닌가.

더욱 어처구니가 없는 것은 아버지의 반응이었다.

"앤디야, 나도 그 사람 잘 아는데……."

아뿔싸! 부모님은 모두 그 사람과 잘 알고 지내는 사이였다. 그래서 나는 다소 볼멘 목소리로 이렇게 물었다.

"그러면 왜 처음부터 저를 그 사람에게 소개해주지 않으셨어요?"

대답은 간단했다.

"네가 물어보지 않았으니까."

등잔 밑이 어둡다는 게 이런 경우를 두고 하는 말이 아닐까. 이처럼 당신의 친구와 가족은 많은 사람들을 알고 있다. 그중에 추천받고 싶은 사람은 꼭 있을 것이다.

물론 사업과 사생활을 엄격하게 구분하는 사람들도 있다. 당신도 그런 부류라면 친구와 가족에게 추천을 부탁하지 않아도 좋다. 하지만 친구나 가족과 그런 이야기를 나누는 것이 별로 내키지 않더라도 한 가지만은 분명하다. 친구나 가족보다 더욱 열성적으로 당신을 도와주려는 사람은 이 세상에 없다.

3. 거래처

거래처는 언제나 가장 저평가되는 추천의 원천이다. 혹시 고객에게 그런 부탁을 하는 게 어쩐지 마음에 걸린다고 생각하는가? 하기야 고객이 왕이니까. 하지만 명심할 점은, 사람들은 언제나 거래처에 추천을 부탁하곤 한다는 사실이다.

그리고 거래처와 이야기할 때면 당신이 고객이다. 다시 말해 당신이 왕이다. 추천을 부탁하지 못할 이유는 없다. 더욱이 거래처는 당신과의 관계를 잘 살리기 위해서라도 그 누구보다 더 열심히 당신의 문제를 도와주려 할 것이다.

나는 고객들과 대화를 나누면서 왜 추천을 부탁하지 않느냐고 물은 적이 있다. 대답은 이렇다.

"왠지 쑥스러워서요."

나는 어이가 없어 다시 물었다.

"왜 그렇죠?"

그러면 대답은 한결같이 이렇다.

"이전에 한 번도 추천을 부탁해본 적이 없거든요."

나는 어디서나 고객은 문제 해결사를 원할 뿐 전문가를 찾는 게 아니라고 강조한다. 그렇다면 거래처는 당신에게 추천해줌으로써 문제를 훌륭하게 해결해주지 않는가. 이는 곧 고객인 당신의 문제를 해결함으로써 거래처의 사업이 커지는 것을 의미한다.

4. 테니스 게임

추천이라는 이름의 테니스 게임에 대해 들어보았는가? 당신의 파트너와 추천을 서로 주고받는 게 바로 이 게임이다. 넘어온 공은 어떻게든 받아넘겨야 한다.

예를 들어 내가 하는 일은 개인이든 회사든 더 많은 매출을 올리도록 돕는 것이다. 그래서 내가 마케팅 회사와 밀접하게 일할 때면 우리는 서로 추천해주느라 열을 올린다. 나는 내 고객에게 이렇게 말한다.

"저는 고객님이 사람들의 정면에 서서 더욱 많은 성과를 올리도록 돕고 있습니다. 보다 많은 사람들과 정면을 마주보며 일할 수 있다면 더 좋지 않겠습니까? 제가 아는 아주 훌륭한 마케팅 회사가 있습니다. 고객님께 더 많은 사람들을 몰아다주는 일을 전문으로 하는 회사입니다."

마찬가지로 마케팅 회사도 나를 그들의 고객에게 추천한다.

"우리가 하고 있는 일은 고객님이 타깃 시장에 더욱 가까이 갈 수 있도록 돕는 것입니다. 하지만 막상 다른 사람과 마주해서 무슨 말을 어떻게 해야 좋을지 모르겠다면 아무 소용이 없겠죠. 원하는 성과가 이루어지지 않을 테니까 말이죠. 저희에게 투자한 것을 가지고 최대의 성과를 올리고 싶으십니까? 그렇다면 관련 전문가를 한 사람 소개해드리죠. 바로 앤디 바운즈입니다. 그는 고객님이 어떻게 해야 다른 사람과의 만남을 매출로 바꿀 수 있는지 정확하게 알고 있습니다."

5. 직원

앞서 우리는 누구나 당장에라도 전화를 걸 50명을 알고 있다는 것을 확인했다.

당신의 직원들도 마찬가지다. 직원들을 추천인으로 적극 활용할 필요가 있다. 많은 기업들이 추천의 기회를 놓치는 이유 중 하나는 직원들에게 추천을 부탁하지 않기 때문이다.

그 대신 구차하기 짝이 없는 마케팅 기법들만 횡행한다. 메일·광고·홍보·네트워킹·텔레마케팅·방문판매·스팸메일……. 왜 우편물을 담당하는 인턴사원에게는 추천을 부탁하지 않는가? 그의 아버지가 타깃 기업의 임직원이라는 사실을 모르는가? 얼마든지 있을 수 있는 일이다.

6. 과거에 당신이 추천한 사람

앞서 나는 인간이란 보답할 줄 아는 존재라고 말했다. 그래서 말이지만, 과거에 누군가를 추천해주었다면 그 보답으로 당신이 추천을 받을 좋은 기회가 주어지는 셈이다.

7. 과거에 당신을 추천한 사람

처음 추천을 받는다는 것은 가슴 설레는 일이다. 추천받을 당시 기분이 어땠는가? 또 당신의 연락을 타깃이 기뻐했는가? 첫 추천이 성공적이었다면 그만큼 더 많은 추천을 따낼 수 있다. 이렇게 볼 때 과거에 당신을 추천한 인물은 새로운 추천을 해줄 가능성이 크다.

끈적거림 없이 깔끔하게 추진하라

추천을 받기 위해 해야 할 말을 살펴보기 전에, 아래 표에 정리된 세 가지 황금법칙을 다시금 훑어보자.

〈세 가지 황금법칙과 실행 방법〉

황금법칙	어떻게 해야 할까?
1 추천을 얻기 위해서는 적극적인 태도를 지녀야 한다.	지금 당장 더 많은 추천을 얻기 위해 노력하자.
2 추천이 제대로 효과를 발휘하기 위해서는 당사자들 모두에게 이득이 되어야 한다.	타깃은 당신이 정리한 표의 애프터로 이득을 보아야 한다. 추천인 역시 이득을 보아야 한다. 그 이유는, • 당신의 사업을 키우도록 도왔기 때문이다. • 타깃이 애프터를 얻도록 도왔기 때문이다. • 당신과 타깃 모두를 도왔기 때문이다.
3 추천인과 타깃이 모두 만족을 누릴 수 있어야 한다. 이 책임은 온전히 당신의 몫이다.	이를 위해서는 추천을 부탁할 때 적절한 말을 해야 한다.

어떤 시나리오로 추천을 얻어내든 먼저 분명하게 해두어야 할 점은, 당신이 원하는 타깃이 누구인지 추천인이 정확히 알아야 한다는 사실이다. "혹시 누구 아는 사람 없어요?" 이렇게 묻는 것은 아무 소용이 없다. 이는 "아무 DVD나 추천해주세요"라는 말과 똑같다.

1. 당신의 고객

모든 당사자가 빠짐없이 이득을 보아야 하므로, 그저 "누구 추천해줄 사람 없어요?"라고 묻는 것은 충분하지 않다. 별 생각 없이 자기 주머니나 채

우려는 것처럼 보이기 때문이다. 다음 세 가지 시나리오를 사용하는 것이 훨씬 효과적이다.

시 나 리 오 1

"우리가 함께 했던 일이 도움이 되셨나요?" [긍정적인 대답]

"마찬가지로 제가 도울 수 있는 분을 알고 계십니까? 경험으로 미루어볼 때 이런 분(만들어둔 대어 표에서 두세 명 정도 언급)에게 가장 큰 도움을 드릴 수 있을 것 같습니다." [대어들의 애프터 리스트를 보여준다.]

["예, 그런 분을 알고 있습니다"라고 대답한다면……]

"대단하군요. 감사합니다. 제가 어떻게 해야 이분들을 알 수 있을까요?" [그런 다음 추천인이 요구하는 대로 실행한다. 이렇게 하면 쉽게 소개받을 수 있다.]

이 시나리오는 통한다. 무엇보다도 추천인이 당신과 타깃을 맺어주면 양쪽 모두에게 이득이 된다는 것을 분명하게 알았기 때문이다. 첫 번째 물음은 당신이 추천인에게 얼마나 도움이 되었는지를 강조해 상기시켜주는 효과를 갖는다. 이로써 추천인은 당신이 타깃과 접촉하는 것이 얼마나 좋은 일인지 스스로 유추할 수 있다.

두 번째 물음은 앞서의 'DVD 고르기'를 깔끔하게 해결해준다. 추천받기 원하는 타깃이 누구인지 분명하게 밝혔기 때문이다. 또 타깃이 원하는 애프터가 무엇인지 당신은 파악하고 있지 않은가.

추천해줄 만한 타깃을 알고 있는 경우 세 번째 물음은 당신의 적극성을 보여주는 아주 훌륭한 방법이다.

두번째 시나리오 역시 대단한 효과를 가지고 있다.

누구든 자신을 위해 더 많은 시간을 들어 돌봐주는 것을 좋아한다. 여기서 핵심은 이 점을 의식해 고객에게 입소문을 내줄 것을 암시하는 것이다. 말하자면 더욱 열심히 돌봐줄 테니 대신 추천해달라는 우회적인 부탁이다.

이런 부탁을 받은 고객은 기꺼이 당신을 소개해주려고 한다. 그래야 당신의 시간이 자신에게 집중된다는 것을 알고 있기 때문이다.

여기서 다시금 빛을 발하는 것은 세 번째 법칙이다. 입소문을 통해 당신의 이름을 널리 알리는 것이 추천인 자신에게 얼마나 이득이 되는지 분명하게 알 수 있지 않은가.

세 번째 시나리오는 이른바 '나중에 부탁하기' 다. 이 시나리오는 두 단계로 이루어진다. 먼저 고객과 계약서에 사인할 때, 즉 아직 일을 시작하기 전에 다짐을 받아놓는 것이다.

경우에 따른 변수를 고려하지 않는다면 시나리오 3은 최고다. 하지만 불과 10~20초 정도 걸리는 대화다. 그리고 미팅이 매우 생산적인 경우에만 이루어질 수 있다. 미팅이 깨진다면 아무것도 기대할 수 없다. 또 상대는, "좋아요, 알았습니다" 하고는 까맣게 잊어버릴 수 있다. 물론 계약이 성사된 경우에는 최선을 다해 최대의 성과를 이끌어내야 한다.

일이 끝나고 고객이 만족을 보이면 다음 단계를 실행한다.

애프터의 힘

> "제가 이런 분(대어)과 일할 때 가장 좋은 성과를 올릴 수 있습니다. 원하는 것(애프터)이 무엇인지 잘 알고 있기 때문입니다. 이런 분야에서 일하시는 분을 알고 계십니까?"
>
> [누군가 알고 있다는 답이 돌아오면]
>
> "제가 소개받으려면 무엇을 도와드려야 할까요?"

고객이 일을 잘 끝내주면 돕겠노라고 말해도 그것은 어디까지나 구두 약속에 지나지 않는다. 바로 그래서라도 당신은 최선을 다해야 한다. 일을 깔끔하게 처리함으로써 당신 몫을 다했다면 당당하게 그에게 요구할 수 있기 때문이다.

추천할 만한 타깃을 알지 못하거나, 추천해주지 않기로 했더라도 문제될 것은 없다. 쑥스럽기는 하겠지만 관계가 나빠진 것은 없기 때문이다. 어쨌거나 추천을 부탁해도 좋다고 동의한 것은 그쪽이니.

"제가 소개를 받으려면 무엇을 도와드려야 할까요?"

다시 한번 강조하지만 상대가 당신에게 추천해주기로 동의한 경우 적극적으로 그를 도와 추천을 받아내야만 한다.

> **고객을 위한 추천 시나리오 핵심 정리**
>
> 1. "저와 함께 일한 게 도움이 되셨습니까?" [긍정적인 반응] "그러면 부탁 하나 드려도 될까요?"
>
> 2. "저는 고객을 돌보는 데 95퍼센트의 시간을 씁니다."
>
> 3. '나중에 부탁하기'

2. 친구와 가족

친구나 가족과의 관계는 당신 자신이 잘 알고 있으므로 여기서 따로 언급하는 것은 적절하지 않다. 그 대신 내가 여기서 강조하고 싶은 것은 아버지, 어머니가 내게 라디오 방송인을 소개해주지 않은 이유다. 그 이유는 너무나 간단했다.

"언제 물어봤니?"

친구나 가족에게 당신의 대어와 애프터 리스트를 보여주고 물어보자.

"혹시 이런 사람 알아요?"

알고 있다면 부탁해라. 그것도 반드시 부탁해야 한다.

"무엇을 어떻게 도와드려야 이 사람을 소개해줄 수 있죠?"

> **친구와 가족에게 추천받기 핵심 정리**
>
> 1. 부탁하지 않으면 얻을 수 없다. 때때로 대어/애프터 리스트를 보여주고 알고 있는 사람이 있는지 묻는다.
> 2. "제가 어떻게 해야 소개받을 수 있을까요?"

3. 거래처

거래처 입장에서 보면 당신은 고객이다. 따라서 스스럼없이 추천을 부탁해도 좋다.

> **거래처를 위한 추천 시나리오**
>
> "일을 정말 훌륭하게 마무리해주셔서 대단히 감사합니다. 이후 저희를 달리 도와주실 생각은 없으신지요?" (그래요, 그게 뭐죠?)

> "아시겠습니다만 저희는 사람들에게 저희를 추천해주실 수 있는지 부탁드리고 있죠. 이걸 고객님께 부탁드려도 좋을까요?"〔기꺼이 좋다고 이야기할 것이다. 당신은 바로 그들의 고객이 아닌가.〕
> "좋습니다. 추천하는 데 필요한 게 있으시면 말씀만 하십시오. 최선을 다해 돕겠습니다."

바로 이것이다. 아주 간단하지 않은가. 단지 물어보기만 하면 된다. 이런 식의 접근은 매우 높은 성공률을 자랑한다.

묻지 않는다면 당연히 생각조차 하지 않을 것이다. 당신이 말하지 않았으므로 거래처가 나설 이유는 없지 않는가. 더욱이 거래처는 당신의 매출을 올려주는 것이 자신의 역할이라고 보지 않기 때문이다. 그래서 기존 거래처와는 이런 방식이 통하지 않을 수도 있다. 이럴 경우에는 앞으로 거래를 틀지 모를 새 거래처에 접근한다.

> **잠재적인 새 거래처를 위한 시나리오**
> "보여주신 전략은 매우 인상적이군요. 저희 사업에 큰 도움이 될 게 확실합니다. 하지만 거래를 트기 전에 저희가 기대하는 게 한 가지 있습니다. 저희는 추천을 통해 사업을 키우고 있습니다. 알고 계신 분들께 저희를 추천해주도록 부탁드리는 것이죠. 이렇게 도와주시면 우리 모두 사업을 더욱 키울 수 있지 않을까요?"〔긍정적인 반응〕
> "좋습니다. 추천하는 데 필요한 게 있으시면 말씀만 하십시오. 최선을 다해 돕겠습니다."

입장을 바꾸어 당신이 새 거래처로부터 추천을 부탁받은 경우라면 기꺼이 도와주어라. 이것은 당신의 매출과 직결될 것이다.

거 래 처 를 위 한 추 천 시 나 리 오 핵 심 정 리

기존 거래처 — 평소의 배려에 감사하고, 추천을 부탁한다.

잠재적인 거래처 — 잊지 말고 추천을 부탁한다. 기꺼이 도우려 할 것이다.

4. 테니스 팀

여기서 테니스 팀이란 서로 다른 전문 직종 종사자들이 밀접한 관계를 유지하면서 추천을 주고받는 것을 의미한다. 예를 들면, 회계사와 변리사, 그래픽 디자이너와 인쇄업자, 공인중개사와 금융업자 등이 이에 해당한다.

여기서 사용해야 할 시나리오는 장기간에 걸친 추천 관계를 구축하는 데 도움이 되어야 한다. 이를테면 다음과 같다.

테 니 스 팀 을 위 한 추 천 시 나 리 오

"우리가 해야 할 일은 서로 도움을 아끼지 않으면서 각자의 사업을 키우는 것이라고 생각합니다. 어떻습니까?" (긍정적인 대답)

"이를 위해 함께 일하고 싶은 전문 직종이 무엇인지 말씀해주세요. 그러면 소개해줄 만한 분이 있는지 찾아보겠습니다. 괜찮으신가요?" (물론이죠.)

"그리고 제가 원하는 것(대어/애프터)을 보여드릴 테니 저도 도와주시기 바랍니다. 어떠신가요?" (당연히 돕죠.)

"추천 상대를 찾는 동안 어떻게 하면 그의 마음을 움직일 수 있을지 좋은 충고를 부탁드립니다. 그렇게 해주시겠습니까?" (물론입니다.)

첫 번째 문장은 양측 모두에게 도움이 되는 것임을 분명히 보여준다. 이는 당신 혼자만 이득을 보려는 것이 아님을 강조하는 내용이다.

그런 다음 먼저 상대의 비즈니스를 돕겠다는 의지를 보여준다. 추천인과 이야기를 나눌 때에는 곧장 당신의 사업부터 언급하기가 쉽다. 하지만 먼저 당신이 상대를 돕겠다고 제안하는 것이 중요하다. 사람은 보답할 줄 아는 존재라는 사실을 잊지 말라.

마지막 두 개의 문장은 쌍방이 원하는 대어와 그 애프터를 정확하게 파악함으로써 일을 보다 구체적으로 진행시키는 것이다. 그저 "누구 소개해줄 만한 사람 없어요?" 하는 식으로 막연하게 묻지 말자.

테니스 팀을 위한 추천 시나리오 핵심 정리

1. 오랜 기간에 걸친 관계를 쌓는 것이 중요하다.

2. 먼저 돕겠다고 제안하라.

3. 서로 원하는 대어가 누구인지 분명히 한다.

---

5. 직원

직원에게 추천을 부탁하는 데는 두 가지 문제가 있다.

□ 직원은 추천을 자신의 업무라고 여기지 않는다.
□ 종종 직원들은 자신의 친구들과 회사 이야기를 하기 꺼려한다.

직원들에게 추천을 부탁할 때는 어떤 시나리오를 쓰든 항상 이 두 가지를 염두에 두어야 한다. 그리고 조금도 어색함이나 압박감을 느끼지 않도록 배려하는 것이 중요하다.

보이지 않는 손, 추천의 법칙

　직원들에게 추천을 부탁하는 데는 여러 가지가 있지만, 가장 간단하면서도 부담을 적게 주는 방법은 당신의 대어/애프터 표를 사무실 벽에 걸어놓는 것이다. 그리고 직원들로 하여금 다음과 같은 사항을 주지하게 한다.

□ 이런 인물들과 관계를 맺으면 회사에 큰 도움이 된다.

□ 직원들 중에 대어를 아는 사람이 소개해주면 회사 발전에 막대한 공헌을 하는 것이다.

□ 추천한 직원은 어떤 형태로든 보상을 받는다.

　이것이 위험 부담이 가장 적은 방법이다. 직원들 각자에게 기대한 만큼 추천을 얻지 못하면 직접 물어볼 수도 있다. 물론 이때 중요한 것은 직원들을 어색한 상황으로 몰아가서는 안 된다는 점이다. 더욱이 원하지 않는 외근을 강요하는 것 같은 인상을 주어서는 안 된다.

　직원이 추천한 경우에는 적절한 방법으로 그에 대한 인정과 보상을 해주는 것이 좋다. 인정이야말로 의욕을 부추기는 최고의 동기임을 잊지 말자. 그 직원을 공개적으로 칭찬해주고 특별한 존재라는 자긍심을 갖게 하면 수많은 추천이 절로 이루어진다.

> **직원을 위한 추천 시나리오 핵심 정리**
>
> 1. 직원들을 압박하지 않는다.
>
> 2. 직원들에게 대어/애프터 리스트를 보여준다.
>
> 3. 추천을 하면 보상받는다는 것을 분명히 하라.
>
> 4. 추천한 직원은 공개적으로 칭찬한다.

애프터의 힘

과거에 당신에게 추천을 받은 사람은 어떻게든 되갚을 마음가짐이 되어 있다. 이 경우를 위한 시나리오는 정말 간단하다.

과거에 추천받은 사람을 위한 시나리오

"추천해드렸던 게 도움이 되었나요?"〔긍정적인 대답〕

"혹시 이번에 저 좀 도와주실 수 있으신가요? 이런 사람을 찾고 있는데, 추천해주시겠습니까?"〔긍정적인 대답〕

"좋습니다. 추천하는 데 필요한 게 있으시면 말씀만 하세요. 최선을 다해 돕겠습니다."

이 정도면 충분하다. 도움을 청하기 전에 먼저 과거에 당신이 도운 사실을 상기시키는 것이 중요하다. 그래야 빚지고 있음을 의식하기 때문이다.

물론 이런 시나리오는 상황에 따라 얼마든지 바꾸어 쓸 수 있다. 예를 들어 내 고객들 중 한 명인 은행장은 과거에 추천해준 사람에게 테니스 팀 시나리오를 이용하기도 했다. 이렇게 말한 것이다.

"지금 스코어가 15 : 0군요. 당신이 서브를 넣을 차례입니다."

이런 식의 접근 방법은 통한다. 당신에게는 어떤 것이 좋을까? 어쨌거나 묻고 답하는 대화는 언제나 통한다.

과거에 추천받은 사람을 위한 시나리오 핵심 정리

1. 당신이 도와준 사실을 상기시킨다.

2. 추천을 부탁한다.

> **과거에 추천해준 사람을 위한 시나리오**
>
> "그때 추천해주셔서 대단히 감사합니다. 일이 아주 잘 풀렸습니다. 무슨 일이 있었느냐 하면……"〔지난 이야기를 들려준다.〕
>
> "그분과 함께 일하는 동안 추천해주신 고객님께 누가 되지 않기 위해서라도 최선을 다했습니다. 일이 잘 끝나서 고객님도 기분이 좋으시죠?"〔긍정적인 대답〕
>
> "좋습니다. 모든 게 잘 된 터라 부탁드리는데, 이번에도 제가 도울 분이 없을까요? 저는 이런 분(대어/애프터)과 일하는 걸 좋아합니다."〔긍정적인 대답〕
>
> "추천하는 데 필요한 게 있으시면 말씀만 하세요. 최선을 다해 돕겠습니다."

일이 잘 마무리되었다면, 이제 또 다른 추천을 확보해야 한다. 추천해준 것에 대해 감사하고, 타깃의 입장에서 일의 성과를 평가한 것을 알려주어 추천해준 보람을 느끼게 하는 것이 중요하다. 이제 다시금 당신의 대어/애프터 리스트를 보여주며 정중하게 물어라.

"추천하는 데 필요한 것이 있으시면 언제든 말씀만 하십시오. 최선을 다해 도와드리겠습니다."

> **과거에 추천해준 사람을 위한 시나리오 핵심 정리**
>
> 1. 추천해준 것에 다시금 정중하게 감사를 표한다.
> 2. 추천의 보람을 느끼도록 해준다.
> 3. 또 다른 추천을 부탁한다.

오랜 기간 추천을 확보하라

이제 당신은 다섯 단계 가운데 네 단계를 살펴보았다. 기억을 돕기 위해 아래 표를 보자.

〈오랜 기간 추천을 확보하기 위해 필요한 다섯 단계 중 네 단계〉

단 계	제 목
1	절대로 추천인을 과소평가하지 말라
2	해야 할 것은 미리 준비하자
3	누구에게 추천을 부탁할지 유념하라
4	끈적거림 없이 깔끔하게 추진하라

이 네 단계는 좋기는 하지만 모두 단기간의 추천만 확보할 수 있게 해줄 뿐이다.

추천이 미케팅의 가장 좋은 방법임을 확인한 이상, 지속적이고도 장기간에 걸친 추천을 확보하는 것이 중요하다.

처음 추천을 받으러 다니는 것은 언제나 신경 쓸 게 많아 찾아다니는 사람들마다 하나씩 추천을 받는 것보다는 한 번에 한 사람에게 두 개의 추천을 받아내는 것이 좋다. 그래서 가능한 한 많은 추천을 받기 위해 최선을 다해야 한다.

다음에 소개하는 몇 가지 방법을 참조하면 많은 추천을 손쉽게 받을 수 있을 것이다.

1. 지속적인 관리와 피드백

소중한 추천을 얻었다면, 끊임없이 관리하는 것이 중요하다. 다음 사항을 유념하면 매끄럽게 사귀는 데 많은 도움이 될 것이다.

　□ 항상 먼저 전화를 건다.

　□ 자주 만남의 자리를 갖는다.

　□ 함께 일하기 시작한 날을 기념한다.

　□ 일이 어떻게 진행되고 있는지 수시로 알려준다.

　□ 일을 끝맺고 난 다음 그의 평가를 귀담아 듣는다.

최소한 이 정도는 해야 한다. 이보다 적게 배려하면 상대는 자신을 별로 중요하게 여기지 않는다고 생각할 소지가 크다. 항상 타깃과의 관계를 키우도록 노력해야 한다.

2. 추천인에 대한 보상

오늘 선물과, 기존 고객으로부터의 새 일거리, 그리고 추천을 받았다고 생각해보라. 어느 것에 당신은 가장 감사하겠는가? 선물을 준 사람, 고객 아니면 추천인?

솔직히 말해 사람들은 대부분 선물을 준 사람에게 뜨거운 감사를 표한다. 심지어 포옹을 하고 무엇인가 보답하려고 한다.

하지만 어찌된 일인지 추천인은 받아 마땅한 감사를 받는 일이 별로 없다. 확실히 선물을 받는 것과는 큰 차이가 난다. 추천받는 것이 별로 대단하지 않다고 생각하는 경향 때문이다.

하지만 추천에 대한 감사는 반드시 필요하다. 조그만 선물을 준비하거나, 예쁜 카드에 감사의 말을 적어 보내보라. 혹은 추천의 대가로 무료 서비스를 제공하는 것도 좋다. 식사에 초대하거나 공개적인 행사에서 감사의

애프터의 힘

뜻을 전할 수도 있다. 무엇이든 좋다. 반드시 감사의 마음을 표현하자. 당신이 반드시 피해야 할 것은 아무것도 하지 않는 것이다.

BNI의 창설자인 이반 미즈너는 추천해준 사람에게 보상하는 가장 좋은 방법은 그 사람을 위해 무엇인가 해야 한다는 것을 잊지 않는 것이라고 강조한다. 물론 편지 쓰는 것이 싫다거나, 카드와 같이 낯간지러운 짓을 어떻게 하느냐고 반문한다면 어쩔 수 없다. 그것은 당신이 타고난 천성이니까.

하지만 반드시 감사는 겉으로 표현해야 한다. 당신에게 맞는 방식을 찾아내어 반드시 감사의 뜻을 전하라.

3. 누가 누구를 먼저 도울 것인가?

추천인에게 추천을 얻는 데에는 두 가지 방식이 있다. 먼저 추천을 받고 나중에 갚는 것이 하나라면, 먼저 추천해주고 나중에 도움을 기대하는 것이 다른 하나다. 어떤 것이 더 나을까?

나는 이 장에서 BNI와 이반 미즈너에 관해 여러 번 언급했다. 이 장은 바로 추천에 관한 장이고, BNI는 전 세계에서 가장 큰 네트워크 마케터 양성 기관이기 때문이다. BNI의 모토는 이렇다.

"주는 사람이 얻는다!"

당신이 사람들에게 많이 베풀면 베풀수록 더 많은 것을 당신은 얻게 된다. 사람은 보답할 줄 아는 존재이기 때문이다. 세계 최대의 추천 조직이 이런 모토를 가지고 있다면, 이는 당신을 위해서도 훌륭한 모토이지 않을까. 사업상 많은 추천과 긍정적인 입소문을 필요로 하는 우리 모두가 가슴 깊이 새겨야 할 말이다.

5

프레젠테이션,
그들에게 봉사하라

AFTER

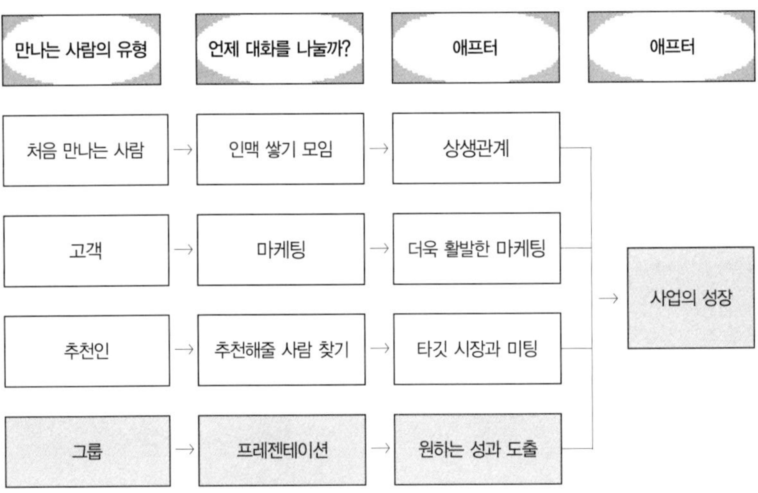
만나는 사람의 유형
언제 대화를 나눌까?
애프터
애프터
처음 만나는 사람
인맥 쌓기 모임
상생관계
고객
마케팅
더욱 활발한 마케팅
추천인
추천해줄 사람 찾기
타깃 시장과 미팅
그룹
프레젠테이션
원하는 성과 도출
사업의 성장

청중 앞에 서서 이야기하면서 입에서 무슨 말이 나올지 몰라 불안에 떨던 기억이 있는가?

마음을 다잡는다고 해서 될 일이 아니다. 발표할 때 주의해야 할 것들은 여전히 많기만 하다. 몸짓은 어떻게 할지, 무슨 내용을 어떻게 전달할지, 준비한 슬라이드는 제대로 작동하는지, 이마에서는 절로 진땀이 솟아난다. 어떤 옷을 입어야 할까? 손짓은? 어떤 말이 핵심을 전달하는 데 좋을까? 목소리는 어떤 톤으로 해야 할까? 어떻게 해야 나만의 카리스마가 살아나며, 연단에 선 내 얼굴에서 후광이 뻗어나갈까? 손은 왜 이렇게 떨리고 땀이 나는지? 뚫어져라 바라보는 수많은 눈빛들을 어떻게 해야 내 말에 집중시킬 수 있을까? 걱정은 꼬리에 꼬리를 문다.

직업상 나는 이런 모든 것을 사람들에게 가르치고 실행에 옮기도록 하는 일을 하고 있다. 하지만 이 책의 목적에 맞게 나는 단 한 가지 측면에만 초점을 맞추고자 한다.

"끈적거림이 없도록 하라!"

다시 말해 당신이 말하고자 하는 콘텐트를 간결하고 정확하게 전달하라. 그래야 당신은,

□ 청중 또는 상대방의 마음을 사로잡을 수 있으며,
□ 원하는 목표를 달성할 가장 좋은 기회를 얻을 수 있다.

터득하기 쉽지 않은 기술이다. 하지만 지금부터 설명하는 것을 배우고

익혀 응용한다면 당신은 프레젠테이션을 99퍼센트 확실하게 장악할 수 있을 것이다.

믿기 어렵다고? 그렇다면 묻겠다.

"프레젠테이션에 참석해 발표자가 도대체 무슨 말을 하는지 지루하고 따분해 몸을 비비꼰 일이 없는가?"

"발표자의 말에 귀를 기울이기보다는 슬라이드에만 눈이 팔리지는 않았는가?"

"슬라이드가 청중의 이해를 돕기는커녕 발표자가 대사를 읽는 장치로만 쓰이는 한심한 경우가 한두 번인가?"

"도대체 무슨 말을 하는지 몰라서 발표자가 외계인처럼 보인 적은 없는가?"

프레젠테이션 내내 간신히 지루함을 참아냈는데도 발표자가 무슨 말을 했는지 알아들을 수 없다면 이런 범죄행위는 따로 없을 정도다.

왜 이런 일이 일어날까? 이유는 간단하다. 프레젠테이션이 끈적끈적한 젤리로 가득 차 있기 때문이다. 다시 말해 청중을 무시했기 때문에 벌어지는 일이다.

이 장에서 여러분은 깔끔하고도 감동적인 프레젠테이션은 어떻게 준비하는지 발견할 것이다. 이를 위해 나는 프레젠테이션을 성공으로 이끄는 세 가지 기준을 세워보았다.

□ 이전 : 프레젠테이션이 최대의 성과를 이끌어내도록 준비하자.

□ 진행형 : 청중의 마음을 사로잡아라.

□ 애프터 : 프레젠테이션 이후에 따라야 할 것들

당신은 프레젠테이션을 어떻게 준비하는가?

☐ 시간이 얼마 남지 않아 어쩔 줄 모르고 허둥대며……
☐ 최근에 했던 것을 조금만 손보고 그대로 사용한다. 이럴 때는 흔히 동료와 다음과 같은 대화가 오간다. "지난번에도 안 통했잖아." "알아, 하지만 이번에는 다를 거야."
☐ 파워포인트 슬라이드 작업부터 시작한다. 이게 끝나고 나면 혼자 중얼거린다. "그런데 무슨 이야기를 하려고 했더라?"

분명 이 중 하나는 당신에게도 해당될 것이다. 이런 식으로는 안 된다.

프레젠테이션에서 좋은 결과를 이끌어내려면 무엇보다도 당신이 원하는 성과가 무엇인지 분명하게 알아야 한다. 도달하고자 하는 목표는 무엇인가? 준비 작업은 이 물음에서부터 출발해야 한다.

발표 목적은 청중의 마음을 움직이는 것이다. 발표를 듣고 보았음에도 당신이 원하는 방향으로 청중이 행동하지 않는다면 아무 소용이 없다. 다음으로 할 일은 청중이 무엇을 원하는지 생각해보는 것이다.

이 두 가지 문제, 즉 당신의 목표와 청중의 반응에 관해 철저하게 따져본 다음에야 비로소 프레젠테이션을 준비할 수 있다.

성공적인 프레젠테이션을 준비하는 과정은 세 단계로 이루어져 있다. 내가 개발한 이 방법은 이른바 '랩RAP' 방법이다. 프레젠테이션을 준비할 때마다 이 방법을 쓸 것을 강력하게 추천한다.

R | 이루고자 하는 것^{results}은 무엇인가?

A | 청중^{audience}은 무엇을 좋아하는가?

P | 성과와 청중에 관해 분명한 답을 얻었을 때에만 준비^{preparation}를 시작한다.

목표는 분명하게 세워라

정말 하고 싶은 것을 하라

여기서 당신이 취할 것이 있다면 그것은,

> 프레젠테이션에서 큰 성과를 얻고자 할 때 가장 먼저 알아야만 할 것은 내가 이루고자 하는 성과가 도대체 무엇인가 하는 점이다.

이를 알기 위해서는 물론 당신 자신에게 물어야 한다.

'내 발표를 듣고 난 다음 청중이 내게 무엇을 해주기를 기대하는가? 이 프레젠테이션이 성공적으로 끝났다는 것을 어떻게 판단할 것인가?

한 예로, 당신이 직원이 많은 회계사무소를 운영하고 있다고 생각해보자. 도무지 매출 목표가 이루어지지 않아 당신은 그 원인을 찾아본다. 확인 결과 네트워킹이 몹시 형편없었다. 직원들은 저녁 네트워크 모임에 참석하는 일이 거의 없었고, 있다고 해도 업무로 연결되지 않았다.

그래서 당신은 직원들을 상대로 네트워킹에 관한 프레젠테이션을 하기로 마음먹었다. 이제 당신이 해야 할 일은? 당신이 원하는 성과는 다음과 같은 것이리라.

"직원들 사이에 네트워킹이 활발하게 이루어졌으면 좋겠다."

의문사로 목표를 구체화하라

세운 목표가 올바른지 확인하고, 혹 놓친 것은 없는지 살펴보자. 가장 좋은 방법은 설정한 목표가 올바른지 모든 의문사를 동원해 확인해보는 것이다. 왜, 언제, 누가, 어디서, 어떻게 등등 꼼꼼하게 따져보자.

〈사례〉

목표 : "직원들 사이에 활발한 네트워킹이 이루어졌으면 좋겠다."

왜?	• 매출을 올리기 위해
	• 회사를 홍보하기 위해
	• 직원들의 능력을 향상시키기 위해
	• 마케팅에 임하는 자세를 키우기 위해
언제?	• 지금 바로 시작하자.
	• 그런 다음 진행 정도를 봐가면서
누가?	• 고객을 담당하는 여덟 명의 직원들과 두 명의 이사
어디서?	• 관련 모임
	• 경제단체 모임
어떻게?	• 지금은 이 문제를 다룰 때가 아니다. 인맥을 쌓는 기술은 나중에 가르치자.
	• 우선 직원들의 주의를 환기시키자.
	• 중요한 것은 직원들이 적극적으로 네트워킹에 임하는 것이다.

프레젠테이션, 그들에게 봉사하라

이루고자 하는 목표를 분명히 하라

단계 목표를 설정하고 구체화한 사항들을 토대로 공식적인 목표를 세운다. 이는 짧은 단어이거나 아래처럼 당신이 이루기 원하는 모든 것을 포함한 긴 문장이 될 수 있다.

"회사의 매출 향상을 위해 고객 관련 업무를 담당하고 있는 모든 직원들이 관련 모임에서 인맥을 쌓는 일을 활발하게 벌이도록 지금부터 지원을 아끼지 않는다."

말하기 전에 요점을 정리하라

대부분의 발표자들이 이 단계를 놓치고 있다. 하지만 꼭 필요한 것임을 잊지 말자. 목표를 이루는 데 필요한 모든 사항을 점검하는 것은 그만큼 성공의 기회를 높여준다.

흔히 사람들은, '슬라이드 1에서는 이런 이야기를 하고, 슬라이드 2에서는 저런 이야기를 해야지' 하는 식으로 프레젠테이션을 준비한다. 하지만 이런 식으로 하다보면 젤리로 범벅이 된 프레젠테이션이 되기 십상이다. 늘 해왔던 이야기를 그대로 반복하기 때문이다. 직원들은 몇 명이고, 설립 연도가 어쩌고저쩌고…….

어떻게 프레젠테이션을 시작할까 고민하기보다, 먼저 목표에 필요한 모든 사항이 빠짐없이 체크되었는지 살펴보는 것이 성공에 다다르는 가장 좋은 기회를 제공한다.

- 매출을 늘려야만 한다.

- 모임에 참여할 다른 경쟁자들과 겨루어야 한다.

- 회사를 튼튼하게 키우기 위해 꼭 필요한 일이다.

- 회사에 활력을 심어줄 것이다.

- 직원들을 사무실 밖으로 끌어낼 필요가 있다.

- 우리 모두의 성장에 절실히 필요하다.

- 현재 관련 분야에서 무엇이 화제가 되고 있는지 알 수 있다.

- 새로운 거래처를 만날 수 있다.

- 큰 계약을 따낼 확률이 높다.

- 광고나 홍보보다 더 빨리 회사를 알릴 수 있다.

- 직원들의 결속력을 높이는 좋은 기회가 된다.

- 네트워킹은 즐겁고 신나는 일이다.

- 텔레마케팅보다 훨씬 효과가 좋다.

나만의 15초를 준비하라

당신이 지금 프레젠테이션을 하고 있다고 상상해보자. 청중은 각계각층의 고위 인사들로 가득하다. 그야말로 당신이 그토록 꿈꾸던 일생일대의 기회가 아닐 수 없다. 고맙게도 당신에게 주어진 시간은 30분이나 된다. 오늘 이 시간을 위해 당신은 며칠 밤을 새우며 철저하게 준비했다. 이제 청중이 환호할 일만 남았다.

막 입을 열어 발표를 시작하려는 순간, 이 무슨 마른하늘의 날벼락인가.

"미안하게 되었소만 오늘 시간이 많지 않구려. 딱 15초 드리겠소. 그래,

우리에게 하고 싶은 말이 뭐요?"

인정한다. 그렇게 자주 있는 상황은 아니다. 하지만 당신은 언제나 이 질문에 답할 준비가 되어 있어야 한다. 누가 봐도 한눈에 알 수 있게 당신이 말하고 싶은 핵심을 15초 안에 풀어 놓아라.

당신은 10~15개 정도의 포인트를 정리해두었을 것이다. 하지만 당신의 목표 달성을 위해 꼭 필요한 서너 개만 고르라면? 이렇게 걸러진 서너 개가 당신의 15초가 되어야 한다.

다시 한번 강조하지만 당신은 청중의 관점에서 생각하고 행동해야 한다. 당신 자신에게 중요한 것이라도 그들에게는 사소한 것일 수 있음을 잊지 말자. 그렇다면 청중에게 호소력이 가장 강한 핵심 포인트는 무엇일까? 바로 그것을 찾아라.

가장 손쉽고 좋은 방법은 정리해둔 리스트를 보며 결선 방식을 통해 당신의 15초를 완성하는 것이다. 우선 리스트에 등장하는 처음 두 개의 항목을 비교하라. 어느 것이 당신의 목표 달성에 보다 더 중요할까?

이렇게 1대1 대결에서 이긴 것이 살아남는다. 1번이 2번보다 낫다면 2번을 버린다. 다시 1번과 3번을 비교한다. 여전히 1번이 더 큰 호소력을 갖는다면 3번은 날려버린다. 다시 1번과 4번을 비교하라.

이런 식으로 도저히 빠져서는 안 될 포인트를 서너 개로 압축한다. 이것이 바로 당신의 15초다. 예를 들어 직원들을 상대로 네트워킹의 중요성을 강조하는 세미나를 한다고 하자. 회사의 매출은 좀처럼 늘지 않고 있다. 하지만 직원들은 텔레마케팅이라면 넌더리를 낸다. 이런 경우 당신의 15초는 네트워크 모임에 참여하는 것을 독려하는 내용이어야 한다.

□ 매출 증대가 꼭 필요하다.

애프터의 힘

□ 네트워크 모임은 우리 모두 성장할 수 있는 좋은 기회다.

□ 텔레마케팅보다 훨씬 나은 방법이 네트워크 모임이다.

전환점을 설정하라

성공적인 프레젠테이션의 핵심은 당신이 무엇을 말해야 할지가 아니라 당신의 프레젠테이션을 통해 청중이 얻는 애프터를 찾는 것, 즉 청중의 마음을 사로잡는 것이다. 따라서 당신이 아니라 청중의 관점에서 프레젠테이션을 해야만 한다.

1 — 먼저 당신 자신의 관점에서 발표문을 써본다.

2 — 이 발표문에 합당한 비즈니스 애프터가 무엇일지 주의 깊게 생각한다.

3 — 감성적인 애프터로는 무엇이 좋을까 찾아본다.

4 — 이렇게 정리한 애프터들로, 그것이 좋은 이유와 어떻게 해야 청중에게 호소력 있게 전달될지 생각한다.

5 — 가장 중요하게 여겨지는 것을 동그랗게 체크한다.

6 — 이렇게 솎아낸 말들로 청중의 입장이 되어 다시 발표문을 작성한다.

7 — 프레젠테이션의 제목을 정한다. 앞서 솎아낸 포인트들을 결선 방식을 통해 서너 개로 압축하고, 다시 또 걸러서 제목을 정한다.

얼핏 보면 일곱 단계는 몹시 혼란스러워 보인다. 하지만 다음 페이지의 사례를 보면 모든 것이 분명해질 것이다.

프레젠테이션, 그들에게 봉사하라

〈사례〉

발표자 관점에서 쓴 발표문	비즈니스 애프터	감성적 애프터	중요한 이유	청중에게 초점을 맞춘 발표문
(1단계)	(2단계)	(3단계)	(4단계)	(5단계)
매출 증대의 필요성	매출 증대의 필요성	보람과 자부심	* 보다 많은 보수	매출 증대를 통해 보수가 늘어난다.
우리 모두의 성장에 도움이 된다.	사업의 성장 고용안정 * 홍보 효과 증대	활기찬 직장	직장생활이 즐거워진다. 자부심을 갖딜 수 있다.	넓어진 인맥으로 홍보 효과 증대
* 텔레마케팅보다 훨씬 낫다.	빠른 속도로 인적 네트워크를 쌓을 수 있다.	직원들이 더욱 행복해진다. 텔레마케팅으로 인한 불쾌감 해소	* 모임이 즐거워질 것이다	텔레마케팅보다 효과가 좋다.

*는 핵심 포인트

동그라미로 체크한 네 개 항목 중 두 개는 직원들이 가장 좋아할 만한 것이다.

① 더 많은 보수를 얻을 수 있으며,

② 텔레마케팅 같은 짜증나는 방법은 포함되지 않기 때문이다.

따라서 위의 두 가지를 반영한 제목을 붙여야 한다. 어느모로 보나 '네트워킹'이라는 제목은 호소력을 갖지 못한다. 이렇게 볼 때 당신의 프레젠테이션 제목은 다음과 같은 게 좋지 않을까?

"연봉 인상을 이끌어낼 새로운 방법, 텔레마케팅보다 훨씬 더 강력하다."

두 개의 강력한 동기를 담고 있기 때문에 이 제목은 직원에게 상당한 호소력을 갖는다.

제목에 들어간 '새로운'이라는 표현을 주목하기 바란다. 이런 표현이 좋은 것은 호기심을 자극하기 때문이다.

〈학습 포인트〉

	나의 원래 생각	새롭게 깨우친 것
제목	네트워킹	'연봉 인상을 이끌어낼 새로운 방법, 텔레마케팅보다 훨씬 더 강력하다.'
나만의 15초	• 매출 증대 • 네트워크 모임은 우리 모두 성장할 수 있는 좋은 기회다. • 텔레마케팅보다 훨씬 나은 방법이 네트워크 모임이다.	• 매출 증대로 인한 연봉 인상 • 넓어진 인맥으로 홍보 효과 증대 • 텔레마케팅보다 더 좋은 방법

• 얼핏 보기에는 같은 프레젠테이션처럼 보인다. 하지만 둘은 완전히 다르다.

• 내용은 청중에게 초점을 맞추고 있다. 이는 곧 청중의 마음을 사로잡을 수 있다는 것을 의미한다.

• 이렇게 접근할 때 자신이 세운 목표를 달성하기가 한결 쉬워진다.

프레젠테이션, 그들에게 봉사하라

랩 기억용 카드를 준비하라

각 단계들은 프레젠테이션의 골격을 이루기 위한 것이다. 청중에게 초점을 맞춘 든든한 골격을 기대해도 좋다.

이와 같이 프레젠테이션을 준비하면 길어야 10~15분을 넘지 않는다. 하지만 이 시간은 청중의 마음을 사로잡기에 아주 알맞은 길이다.

다만 한 가지 남아 있는 위험은, 여기서 좀더 세밀하게 준비하다보면 자칫 이야기가 샛길로 빠져 당신이 지금까지 정리한 사항을 잊어버릴 수 있다는 점이다. 그래서 필요한 것이 '랩 기억용 카드' 다.

〈랩 기억용 카드의 예〉

고객 관리 직원들이 관련 네트워크 모임에 적극 참여하도록 함으로써 회사의 매출을 올리고 싶다.	"연봉인상을 이끌어낼 새로운 방법, 텔레마케팅보다 훨씬 더 강력하다." • 매출 증대로 당신의 연봉이 오른다. • 넓어진 인맥으로 홍보 효과 상승 • 텔레마케팅보다 훨씬 강력하다.

□ 되도록 길이가 긴 카드를 준비한다.

□ 카드를 세로 방향으로 놓는다.

□ 카드의 왼쪽 난에는 자신이 세운 목표를 적는다.

□ 오른쪽 난에는 맨 위에 제목을, 그 아래에 당신만의 15초를 적는다.

□ 이 카드를 당신의 사무실 책상 위에 붙여 놓고, 프레젠테이션을 준비하는 내내 참고하자. 항상 목표를 의식하고, 핵심 포인트들을 일목요연하게 확인할 수 있다.

애프터의 힘

청중이 원하는 것을 보여주어라

청중은 무엇을 원하는가?

사실 청중은 당신에게 몰두하지 않는다. 그들의 머릿속에는 수없이 많은 생각들이 오가고 있다. 사업 걱정·자녀 문제·휴일에 본 영화 내용·친구와 나누었던 대화…….

당신은 이런 청중을 상대로 '참 멋진 프레젠테이션이구나!' 하는 생각이 들게 만들어야 한다. 청중의 마음을 사로잡을 때 당신이 원하는 목표가 이루어진다.

불행하게도 기존 프레젠테이션 방식은 황금법칙과 거리가 멀다. 일반적인 프레젠테이션 방식을 보라. 회사의 설립연도·지점 수·직원들 등등 온통 끈적거림으로 가득하다. 이런 식으로는 결코 청중의 마음을 사로잡을 수 없다.

그러면 어떻게 해야 청중으로 하여금 '이야기를 들어서 정말 기쁘고 행복하다'는 느낌을 심어줄 수 있을까?

청중을 사로잡는 비밀 열쇠, 공감

공감이란 타인의 감정을 내 것처럼 느끼고 이해하는 능력이라고 정의할 수 있다. 간단하게 말해 당신 자신이 청중의 마음속으로 들어가야 한다. 그들의 관점에서 사물을 바라보아야 한다. 이를 확실하게 할수록 청중을 사로잡을 수 있는 기회는 늘어난다.

하지만 공감을 이끌어낸다는 것은 쉬운 일이 아니다. 매우 주관적이고

프레젠테이션, 그들에게 봉사하라

예민한 문제다.

"이제 곧 있을 발표회에 참석할 청중을 떠올려보고 그들과 교감을 나누어라."

내가 여러분에게 이렇게 요구한다고 하자. 여간한 일이 아니다. 그래서 내가 개발한 공감 기법이 '졸트JOLT 분석' 이다.

J | 상대방이 어떤 판단 기준Judged by을 가지고 있는지 주목하라.
O | 당신이 사업상 혹은 개인적으로 이루고자 하는 목표Objectives
L | 여가시간에 사람들이 즐기는 일Like doing에 주목하라.
T | 언제나 청중의 시간Time을 배려하고 존중하라.

□ 판단 기준 — 상대가 어떤 판단 기준을 가지고 있는지 주목해야 한다. 청중은 저마다 직업에 따른 판단 기준을 가지고 있기 마련이다. '나는 지금 일을 잘 한 걸까?' 이를테면 마케팅 담당자의 판단 기준은 매출실적이다. 그래서 마케팅 담당자는 실적을 올리는 데 전력을 투구한다. 따라서 고객이 가장 소중하게 여기는 판단 기준을 파악하고 있으면 고객의 공감을 쉽게 얻어낼 수 있다.

□ 목표 — 청중이 사업상 이루고자 하는 목표와 개인적으로 성취하고 싶은 목적은 어떤 것일까? 그들이 이루기를 갈망하는 것은 무엇인가?

□ 취미 — 사람들이 여가시간에 즐기는 일에 주목하라. 사람들이 여가시간에 즐겨하는 일은 무엇일까? 취미를 나누면 공감이 커진다.

□ 시간 — 언제나 청중 또는 상대방의 시간을 배려하고 존중하라. 요즘같이 모든 것이 바쁘게 돌아가는 세상에서 어떤 것을 선택할 때 최우선으로 고려하는 것이 시간이기 때문이다.

"졸트하라!"

이는 곧 이웃을 사랑하라는 가르침과 다르지 않다. 얼굴을 마주하는 청중과 공감을 나눌 때 성공은 절로 따라온다. 상대가 중요하게 여기는 판단 기준을 생각하고, 어떤 목표를 가지고 있는지 헤아리며, 즐겨 하는 일에 관해 이야기하고, 시간을 배려해주어야 한다. 이렇게 하면 서로 마음이 통하는 대화가 가능하다.

도대체 어디까지 졸트해주어야 하는 걸까? 이런 의문을 가질지 모르겠다. 소규모 그룹을 상대로 프레젠테이션해야 할 때에는 참석자 모두를 상대로 1대1 졸트를 해주는 것이 좋다. 규모가 큰 경우에는 그룹 전체를 상대로 졸트하라.

아래 예를 살펴보자.

졸트 분석

J
Judged by

매출 신장
고객 만족
새 거래처 확보

O
Objective

진급
더 많은 보수
능력 계발
자신의 일을 즐기는 것
동료들보다 앞서가는 삶

L
Like doing

채팅
친구 사귀기
도전
호기심 충족하기

T
Time

늘 정신없이 바빠 시간이 별로 없다.

프레젠테이션, 그들에게 봉사하라

준비는 제대로 되었는가?

지금까지 우리는 프레젠테이션의 준비와 관련해 두 개의 문건을 만들어 보았다.

〈앞서 살펴본 랩 기억용 카드의 예〉

고객 관리 직원들이 관련 네트워크 모임에 적극 참여하도록 함으로써 회사의 매출을 올리고 싶다.

"연봉인상을 이끌어낼 새로운 방법, 텔레마케팅보다 훨씬 더 강력하다."

- 매출 증대로 당신의 연봉이 오른다.
- 넓어진 인맥으로 홍보 효과 상승
- 텔레마케팅보다 훨씬 강력하다.

졸트 분석

J
Judged by
매출 신장
고객 만족
새 거래처 확보

O
Objective
진급
더 많은 보수
능력 계발
자신의 일을 즐기는 것
동료들보다 앞서가는 삶

L
Like doing
채팅
친구 사귀기
도전
호기심 충족하기

T
Time
늘 정신없이 바빠 시간이 별로 없다.

이제 당신은 다음과 같은 점을 명료하게 알게 되었다.

□ 이루고자 하는 목표
□ 청중이 어떤 사람이라는 것

이제 당신의 프레젠테이션을 써보도록 하자.

왜 기존 프레젠테이션은 통하지 않는가?

프레젠테이션을 준비하는 기존 방식, 즉 슬라이드 1, 슬라이드 2, 슬라이드 3 하는 식으로 준비하는 것은 전혀 효율적이지 않다. 중요하지 않은 것부터 시작해 더욱 중요한 것으로 나아가는 프레젠테이션은 논리적으로는 흠이 없을지 모르지만, 프레젠테이션이 진행되는 동안 청중의 집중력은 갈수록 떨어지기 때문이다.

〈프레젠테이션이 진행되는 동안 커지는 중요성〉

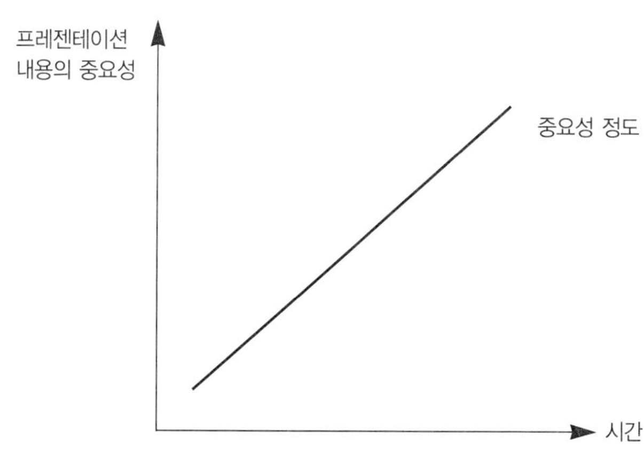

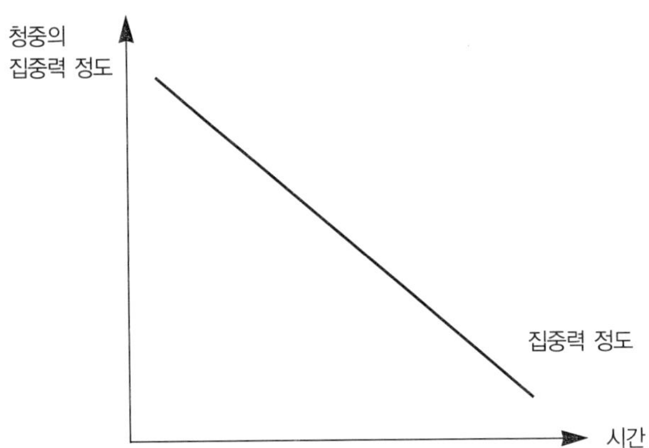

위의 두 그래프를 함께 모아보면 아래와 같은 모습을 보여준다.

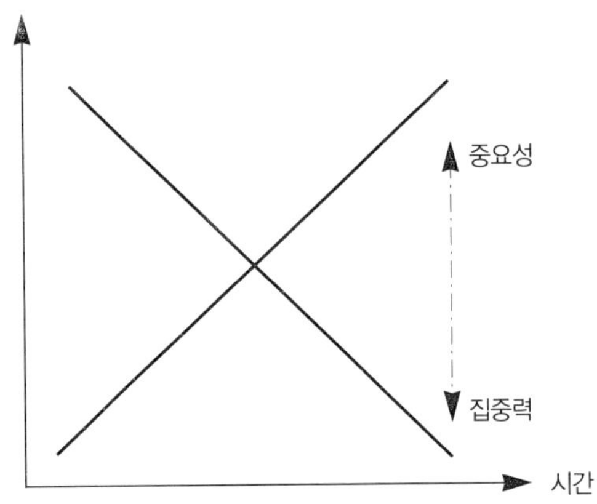

프레젠테이션은 갈수록 중요한 내용을 자랑하지만 청중의 집중력은 계속 떨어지고 있다.

바꾸어 말하면 당신은 신바람 나서 떠들면 떠들수록 청중의 두뇌는 몽롱한 상태에 빠지게 된다. 그래서 당신 이야기가 절정에 오를 때 청중은 귀를 닫는다.

프레젠테이션, 어떻게 준비해야 할까?

프레젠테이션을 준비하는 가장 좋은 방법은 랩 기억용 카드와 졸트 분석을 활용하는 것이다.

1. 나만의 15초를 이루는 골격을 짜라

당신의 15초는 가장 강력한 메시지이므로, 이를 기초로 해서 전체 윤곽을 잡아야 한다.

우선 가운데 원 안에 프레젠테이션 제목을 적어 넣는다. 그리고 각 가지마다 15초의 핵심 포인트들을 달아놓는다. 이는 랩 기억용 카드에 적힌 것을 그대로 옮겨 적으면 된다.

〈나만의 15초를 중심으로 골격을 완성하라〉

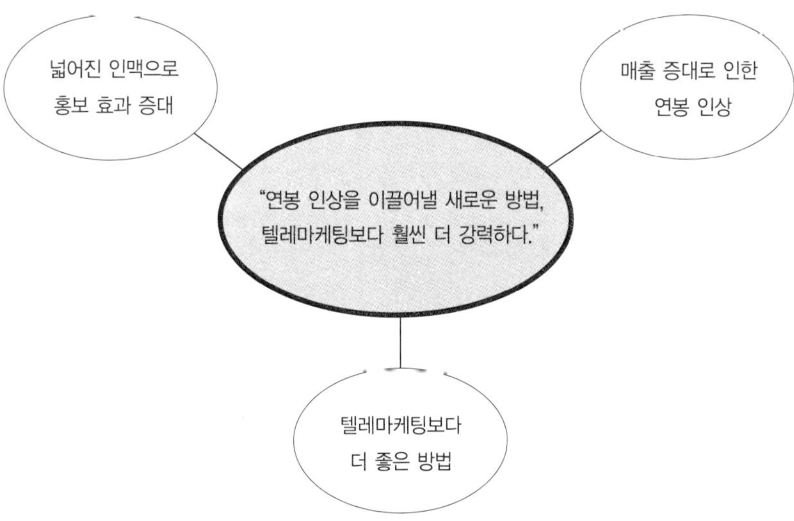

2. 상식으로 골격에 살을 붙여라

이제 각 가지마다 곁다리를 쳐가면서 청중의 가슴을 뒤흔들 호소력을 가진 포인트들을 첨가해나간다.

떠오르는 것은 무엇이든 적어보라. 프레젠테이션에 맞는지 맞지 않는지 선입견을 가지고 섣불리 판단하지 말라. 생각이 가는 대로 자유롭게 적어보는 것이다. 어차피 나중에 깔끔하게 편집할 기회가 올 것이다.

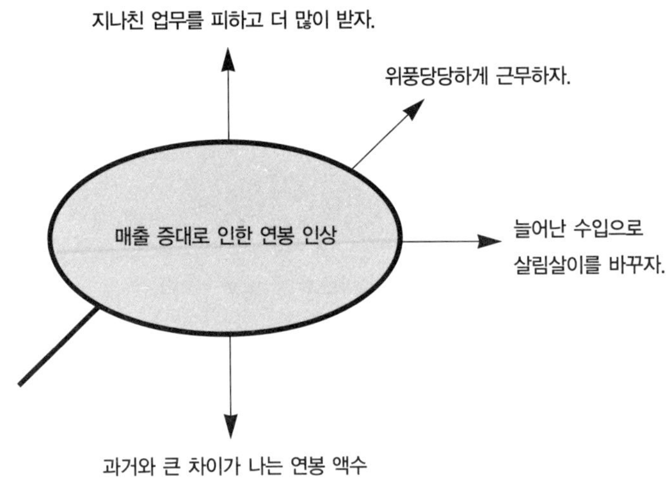

이 그림은 내가 의도하는 것을 분명하게 보여주기 위해 가지 하나를 골라 작업해본 것이다. 물론 프레젠테이션을 준비하는 동안 모든 가지를 이렇게 작업해야 한다.

3. 의문사로 생각을 정리하라

앞서 우리는 누구, 왜, 무엇, 어떻게 등등의 의문사를 이용하면 생각을 보다 명확하게 정리할 수 있음을 보았다. 여기서도 마찬가지다. 의문사를

이용하면,

□ 이미 준비한 포인트들을 구체적인 예를 들어 좀더 세밀하게 이끌고
  갈 수 있다.
□ 미처 생각하지 못한 새로운 것을 발견할 수 있다.

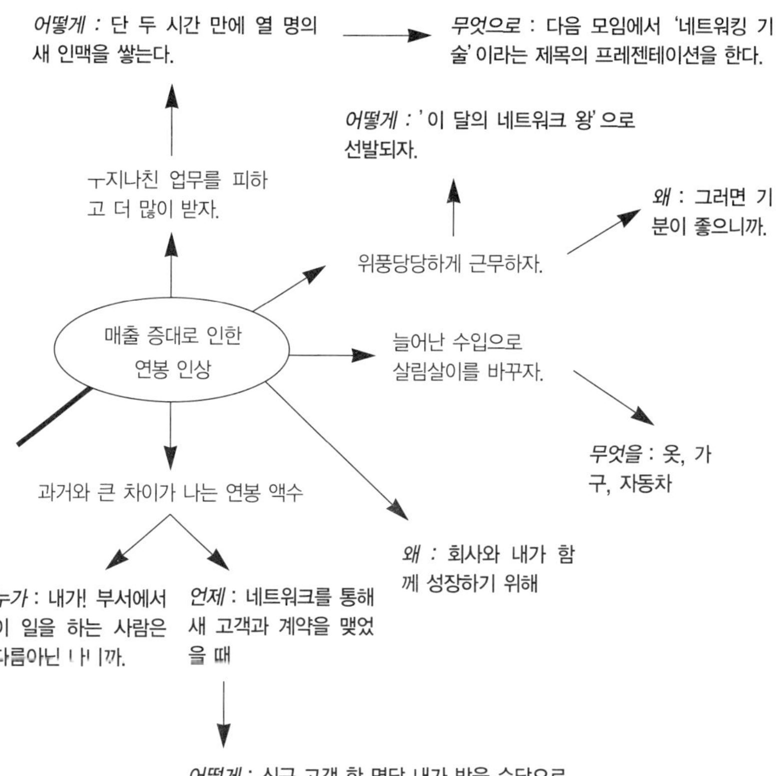

4. 내용에 어울리는 사례를 준비하라

프레젠테이션 성공의 비결은 간단하다.

"자료를 늘어놓지 말라, 스토리가 있어야 팔린다!"

개인의 꿈과 희망, 좌절과 재기 그리고 성공이라는 요소들이 맛깔스럽게 버무려진 스토리는 청중의 마음을 사로잡는다. 그만큼 기억하기 쉽고, 무엇보다도 쉽게 설명할 수 있기 때문이다. 바로 그래서 당신의 프레젠테이션은 스토리가 필요하다.

어떤 스토리를 어떻게, 얼마동안 들려주어야 하는가는 프레젠테이션을 통해 얻고자 하는 성과(Result)가 무엇이며, 청중(Audience)이 원하는 것이 무엇인가에 달려 있다. 다시 말해 성과와 청중에 집중해야 한다. 이를 스토리로 포장한 프레젠테이션은 언제나 통한다.

가장 기억하기 쉬운 스토리는 당신 자신의 경험담과 유머다. 당신도 이 말이 맞는다는 것을 이미 알고 있을 것이다. 내가 당신에게 최근 감동을 받았거나 웃음을 터뜨린 일이 무엇이냐고 물으면 당신은 아주 쉽게 설명할 수 있을 것이다.

적당한 스토리가 떠오르지 않는다고 해도 최소한 하나쯤 마련해두는 것이 프레젠테이션에 활력을 불어넣어준다. 이를테면 당신의 고객들 중에 그레이라는 사람이 있다고 하자. 언젠가 당신은 그를 도와 부품에 드는 비용을 줄여준 일이 있다. 여기까지는 있었던 사실이다.

이를 좀더 재미있는 각도에서 바라볼 수는 없을까? 그 친구의 취미에 관련된 것이라도 좋고, 처음 만났을 때 겪었던 재미있는 일화라든지, 그에 대해 아는 사람들의 이야기든, 무엇이든 좋다. 프레젠테이션과 상관없다고 해서 그레이가 주말이면 속옷 차림으로 패러글라이딩을 즐기는 괴상한 취미를 가졌다는 이야기를 빠뜨려서는 안 된다. 당신의 프레젠테이션을 한층 흥미롭게 만들 뿐만 아니라 청중으로 하여금 오래 기억하게 하는 효과가 있다.

프레젠테이션에 스토리를 엮는 가장 쉬운 방법은 다음과 같다.

1 — 있었던 사실을 그대로 들려준다.
2 — '예를 들어' 라는 말을 쓴다.
3 — 흥미로운 스토리를 들려준다.

이를테면 이런 식이다.

"저희는 여러분의 생산 비용을 줄여줄 수 있습니다. 그 방면에 전문가거든요. 예를 들어 저희 고객 중에 그레이라는 분이 계신데, 그분은 주말에 괴짜 취미를 즐기고 있죠."

이제 준비는 거의 끝난 셈이다. 지금까지 우리는,

□ 이루고자 하는 목표를 확인했고,

□ 나만의 15초를 찾아냈으며,

□ 청중과 졸트를 나누었고,

□ 15초의 핵심 포인트들에 필요한 가지를 쳐가면서 골격을 짰다. 더 나아가,

□ 골격에 살을 붙였다.

　— 상식을 이용해

　— 의문사를 활용해

　— "예를 들어, 이런 재미있는 일화가 있습니다."

〈사례를 들어 구체화하기〉

이런 식으로 프레젠테이션을 완성해보라. 간편하면서도 빠르고 매우 즐겁게 준비할 수 있을 것이다.

5. 불필요한 군더더기를 솎아내자

이제 당신은 살이 풍성하게 붙은 튼튼한 골격을 갖추었다. 생각의 가지

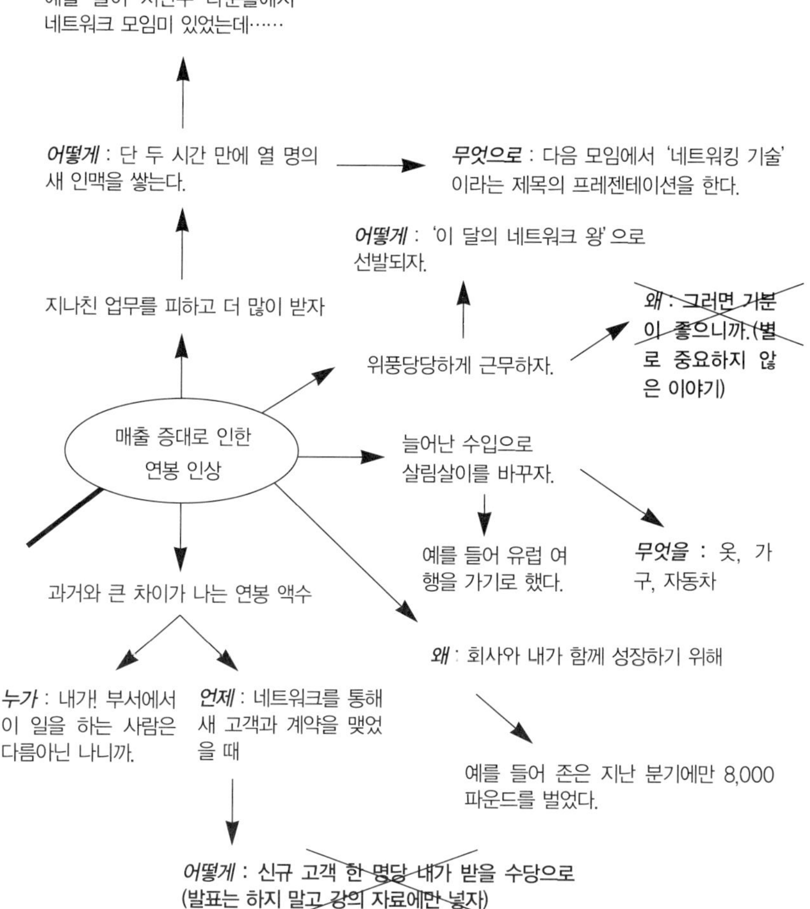

들이 여러 갈래로 뻗어 있다. 하지만 틀림없이 너무 많은 정보들을 담았을 것이다. 따라서 포인트를 하나하나 점검하며 다음과 같은 물음으로 군더더기를 솎아내야 한다.

'정말 이 포인트들이 목표를 달성하는 데 도움이 될까?'

이 물음에는 세 가지 답이 나올 수 있다.

프레젠테이션, 그들에게 봉사하라

□ "좋아, 이건 꼭 말해야 해."

□ "아니야, 이건 필요하지 않아."

□ "이건 이야기해줄 필요는 없지만, 사람들에게 나누어줄 강의 자료에
　 는 들어가는 게 좋아."

6. 청중의 관점에서 말하라

당신이 발표에 열중하는 동안, 청중은 당신이 제기하는 문제에 관해 나름대로 자신의 정보와 생각을 가지고 있다. 말하자면 선입견으로 인해 당신의 문제 제기를 별로 달가워하지 않을 수 있다. 또 당신의 발표 내용을 들으면서 경쟁자가 훨씬 나은데 하는 생각을 가질 수도 있다. 혹은 동료들을 당신이 제안한 상품 판매 전략에 끌어들이고 싶은데 정작 그들은 성가셔 할 수도 있다.

'지금 하고 있는 일만 해도 바빠 죽겠는데 또 무슨 헛소리람.'

자, 이런 선입견은 어떻게 다루어야 좋을까? 프레젠테이션을 하는 동안 청중의 관심을 사로잡지 못한다면 다음과 같은 두 가지 상황이 발생할 수 있다.

□ 청중이 저마다 선동적으로 자신의 의견을 주장할 수 있다. 자칫 통제
　 하기 힘든 상황에 빠질 수 있다.

□ 저마다 목청을 높이지는 않더라도, 더욱 심각한 상황은 당신의 발표
　 에 관심을 갖지 않는 것이다.

어느 쪽이든 파국이 아닐 수 없다. 첫 번째 상황은 불편하고 불쾌할 뿐만 아니라 바로 잡기도 힘들다. 두 번째는 더욱 심각하다. 이런 경우에는 청중

의 선입견을 도저히 어떻게 해볼 수 없기 때문이다.

그래서 발표하는 동안 선수를 쳐서 청중의 관심을 이끌 필요가 있다.

그 좋은 방법이 '내가 만일 당신이라면……' 이라는 표현을 쓰는 것이다. 온전히 그들의 말투를 써서 그들이 가지고 있는 관심사를 언급하는 것이다. 이렇게 하면 당신은 청중의 공감을 확실하게 이끌어낼 수 있다. 상대방의 관점에서 생각하고 말하는 것이 중요하다.

청중의 관심을 당신에게 이끌어 오기 위해서는 미리 가이드라인을 설정하는 것이 중요하다. 이것이 준비되어 있어야 선입견을 뛰어넘을 좋은 기회를 잡을 수 있다.

'미리 준비한다' 는 표현을 주목하기 바란다. 발표 도중에 방어하려다보면 앞뒤가 헷갈리고 맥락이 끊어지는 위험이 생겨난다. 우왕좌왕 갈피를 잡지 못하는 이야기를 들으면서 감동할 사람은 아무도 없다.

완전히 준비된 상태에서 청중의 관심을 어루만져라. 온전히 집중해서 간결하게. 이렇게 하면 청중의 관심을 빠르고도 효과적으로 사로잡을 수 있다. 그럴수록 발표는 물 흐르듯 자연스러워진다.

〈사례〉

"입장을 바꾸어본다면 저는 이런 생각을 할 것 같습니다. 저녁에 할 일도 많은데 무슨 모임이람?"

"맞습니다, 저녁에도 할 일은 많죠. 하지만 아시다시피 모임 시간은 융통성이 있습니다. 수요일 저녁이 어려우시면 목요일 저녁에 오셔도 좋습니다."

"하지만 실적이 중요하다는 점은 매번 강조해도 지나치지 않겠죠. 모임에서 고객의 마음을 사로잡는 비결을 배우신다면 매출은 매우 증가할 것입니다."

프레젠테이션, 그들에게 봉사하라

7. 행동으로 호소하라

이제 프레젠테이션은 막바지를 향해 가고 있다. 청중을 향해 행동으로 옮길 것을 호소할 때가 가까이 다가오고 있는 것이다. 바꾸어 말해 청중으로 하여금 당신이 원하는 쪽으로 나아갈 수 있도록 방향을 명확하게 제시해야 한다.

프레젠테이션이 막바지에 이르면 당신은 이렇게 생각할지도 모른다.

'아주 완벽했어. 그런데 지금부터 뭘하지?'

청중도 이렇게 생각하기를 바라는 사람은 아무도 없을 것이다. 이를 방지하기 위해서는 당신이 청중에게 원하는 바를 정확하게 밝혀야 한다.

이제 말잔치는 끝났다. 중요한 것은 실천이다. 행동으로 옮기도록 호소하라. 이를 위해서는 당신의 랩 기억용 카드로 돌아가, 목표가 무엇이었는지 다시금 상기해보는 것이 필요하다. 이를 기초로 해서 실천적인 행동을 호소하는 것이다.

마지막으로 아래의 사례를 보고 청중으로 하여금 절로 고개를 끄덕이게 할 확실한 논리를 만들어보기 바란다. 그들이 고개를 끄덕였다면 성공이 환한 미소를 지을 것이다.

당신이 원래 생각했던 것

- 직원들을 네트워크 모임에 참여하게 하고 싶다.

- 그러기 위해서는 직원들의 적극적인 의지가 필요하다.

- 아직은 꺼려하는 마음이 남아 있으므로 구체적인 기법은 나중에 가르치자.

행동으로 이끄는 호소(일찌감치 고개를 끄덕이게 만들자)

1. "오늘 프레젠테이션은 바로 당신의 연봉을 늘려주기 위한 것입니다. 모두 더 많은 연봉을 원하시죠?"〔"예!"〕

2. "인적 네트워크가 연봉인상에 도움이 된다는 걸 직접 두 눈으로 확인하고 싶습니까?"〔"예!"〕

3. "제가 보기에 어떻게 해야 훌륭한 네트워크를 쌓을 수 있는지 아직 모르고 계신 것 같군요. 기법은 나중에 가르쳐 드리죠. 지금 제가 여러분에게 원하는 것은 하겠다는 적극적인 의지입니다."〔"예!"〕

4. "자, 그러면 다음 단계로 넘어가볼까요? 어떻게 해야 효과적으로 인적 네트워크를 만들 수 있는지 보여드리겠습니다."

8. 청중이 오래 기억하도록 핵심을 정리하라

이제 지금까지의 작업을 실제 프레젠테이션으로 꾸밀 때가 왔다. 단 한 가지 의문은 아직 남아 있다. 프레젠테이션의 내용을 어떤 순서로 짜는 게 좋을까?

당연히 당신은 청중에게 확신을 심어줄 수 있는 순서로 말하고 보여주고 싶을 것이다. 어떻게 하면 청중이 가장 확실하게 기억할 수 있을까?

청중의 기억력이 어떻게 작용하는지 보여주기 위해, 마인드맵(Min Map)

프레젠테이션, 그들에게 봉사하라

을 개발한 토니 부잔의 책 《놀라운 기억력, 당신의 마인드가 가진 힘을 풀어내라》에서 일부를 인용해보았다.

다음 단어들을 읽고 될 수 있는 한 많이 기억해보라. 단어들은 반드시 한 번만 읽어야 하고, 읽은 지 20초 이상을 넘기지 않도록 한다.

암탉

버스

브라운

히트

감자

일곱

다음

왜

행운

다음

발가락

모자

벌판

다음

수영

로스앤젤레스

결코

다음

의하면

애프터의 힘

영원히

무디다

다음

플루트

높다

타르

말

재단사

이제 리스트를 다시 보지 말고 다음 물음에 답해보라.

1 — 맨 처음에 나온 단어 다섯 개는 무엇인가?

2 — 맨 뒤에 나온 단어 다섯 개는 무엇인가?

3 — 어느 단어가 되풀이되고 있는가?

4 — 중간에 가장 긴 단어는 무엇인가?

이제 다시 리스트를 보고 몇 개나 맞추었는지 헤아려보라. 걱정할 필요는 없다. 이것은 어디까지나 기억력 테스트일 뿐 지능 테스트는 아니니. 나는 최근 몇 년 동안 수많은 사람들을 상대로 이 테스트를 해보았다. 어느 나라와 어떤 규모의 집단을 막론하고 공통적으로 보여주는 결과는 이랬다.

□ 사람들은 2번 문항보다는 1번을 더욱 잘 푸는 경향을 보여준다.

□ 대부분 사람들은 3번을 정확하게 대답한다.

□ 누구나 4번은 기억한다.

이에 맞게 기억력이 작용하는 네 가지 방식을 그래프로 나타내면 아래와
같다.

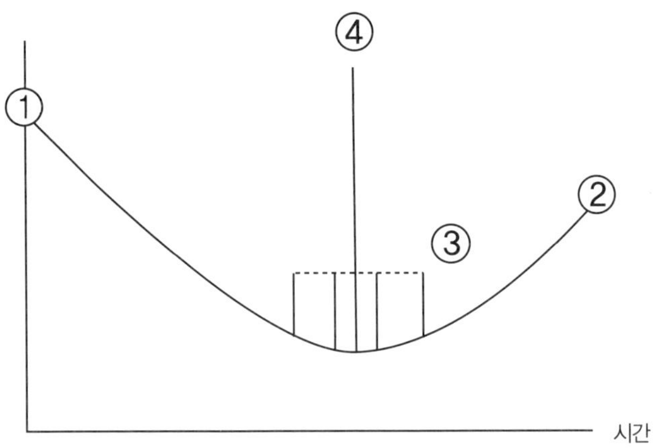

〈그래프에 정리된 것에 대한 설명〉

그래프의 번호	기억 성향	기억 양상
1	처음 것	프레젠테이션이 시작할 때
2	최신 사항	프레젠테이션이 끝날 때
3	반복성	계속 되풀이한 것
4	돌출성	두드러지게 강조한 것

개인의 성향에 따라 조금씩 편차를 보이기는 하지만 사람은 누구나 위의
네 가지 방식을 결합해 기억한다.

여기서 주목해야 할 가장 중요한 점은,

□ 당신의 15초는 목표를 이루는 데 가장 도움되는 포인트들을 정리한 것이다.

□ 청중이 이 포인트들을 기억하도록 하기 위해서는 처음에 강조하고, 마지막에 정리해주며, 기회가 있을 때마다 되풀이해주고 돌출시켜야 한다.

이 두 가지 사실은 다음과 같은 결론에 이르게 한다.

이렇게 볼 때 프레젠테이션의 가장 이상적인 구성은 아래와 같다.

〈프레젠테이션의 가장 이상적인 구성〉

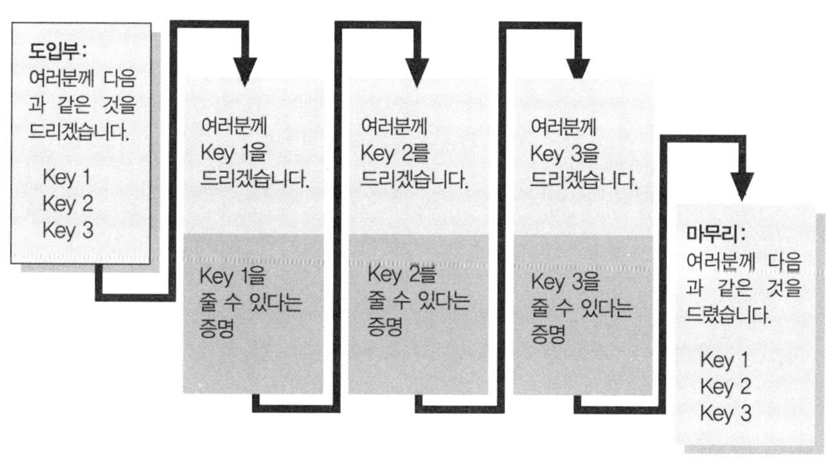

프레젠테이션, 그들에게 봉사하라

당신의 15초 안에 담겨 있는 각각의 포인트는 청중의 뇌리에 깊숙이 박혀야 한다. 먼저 프레젠테이션을 시작할 때 강조해주고, 마무리에 다시 한 번 정리해주며, 기회가 있을 때마다 중요한 내용을 되풀이해서 강조하라. 물론 여기에는 돌출 기법도 적극 활용해야 한다. 이렇게 구성해본 프레젠테이션 예는 245페이지 것과 같다.

9. 핵심을 정리해서 구성을 채워라

지금까지 당신은 세 장의 종이들로 작업했을 것이다.

□ 프레젠테이션의 큰 골격

□ "내가 만약 당신이라면……"

□ 행동을 호소하라.

이제 이렇게 정리한 것을 앞서의 구성에 채워 넣어라. 그러면 이제 당신이 말하고 싶은 모든 것을 자유자재로 구사할 수 있을 것이다.

작업을 하는 내내 어떤 것을 처음에 하고 어떤 것은 나중에 할지 그 순서를 유념하라.

앞서 나는 핵심 포인트를 중심으로 가지를 쳐 나가는 방식을 취했다. 이제 각 포인트에 번호(1, 2, 3, ……)를 매기고, 그 포인트에서 뻗어나가는 가지들에는 1-A, 1-B, 1-C 하는 식으로 기호를 붙여보라(246페이지 참조).

이렇게 번호로 정리한 포인트들을 순서대로 정리하는 것이 좋다. 물론 이 단계에서는 각각의 포인트들을 서로 어떻게 연결 지을지 생각해두어야 한다.

애프터의 힘

〈예로 구성한 프레젠테이션〉

슬라이드 1 | **제목**

"연봉 인상을 이끌어낼 새로운 방법, 텔레마케팅보다 훨씬 더 강력하다."

슬라이드 2 | **청중을 끌어들여라**

- 매출 증대로 연봉 인상을 기대할 수 있으며,
- 넓어진 인맥으로 홍보 효과가 늘어나고,
- 맹목적인 텔레마케팅과는 비교할 수 없이 좋은 방법이 있다.

슬라이드 3 | **위의 세 가지 핵심 포인트 가운데 첫 번째 것 소개하기**

"매출 증대로 연봉 인상을 기대할 수 있습니다."

청중에게 이 약속을 확실하게 각인시킬 수 있는 슬라이드를 만들어라.

두 번째 포인트를 소개하는 슬라이드 :

"넓어진 인맥으로 새로운 홍보 효과를 기대할 수 있습니다."

슬라이드 2에 소개한 포인트들을 마지막으로 되풀이한다

- 매출 증대로 연봉 인상을 기대할 수 있으며,
- 넓어진 인맥으로 홍보 효과가 늘어나고,
- 맹목적인 텔레마케팅과는 비교할 수 없이 좋은 방법이 있다.

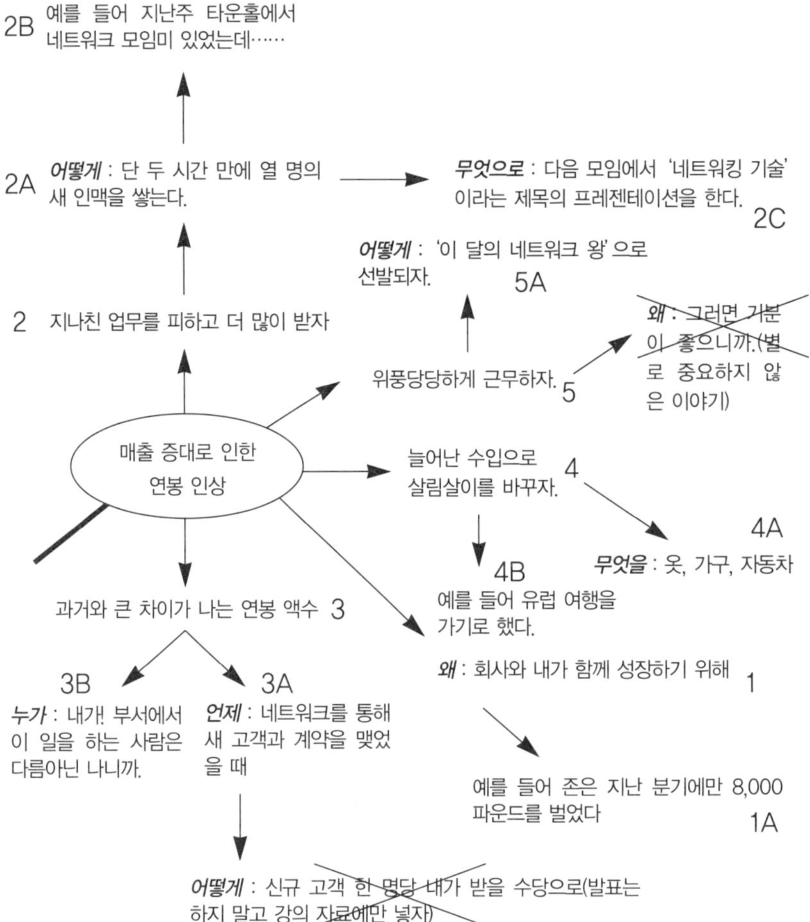

* 각 포인트에 번호(1, 2, 3,……)를 매기고, 그 포인트에서 뻗어나가는 가지들에는 1-A, 1-B, 1-C,…… 하는 식으로 기호를 붙여보라.

애프터의 힘

연봉 인상 원칙을 상기시킨다

"더 많은 돈을 벌 수 있다니 굉장하죠? 하지만 더욱 좋은 방법이……"

결코 업무가 더 늘어나는 것이 아니다

(이유) "단지 두 시간 만에 열 명의 새 고객을 만나는 것이니까요."

(예를 들어) "지난주 타운홀에서 이런 일이 있었습니다."

(부연 설명) "어때요? 굉장하죠? 방법을 모르시겠다고요? 걱정하지 마세요. 다음 번 프레젠테이션에서 어떻게 하면 될지 설명해드리죠."(네트워킹 기법)

"보세요, 업무량이 늘어나기보다 오히려 모임에서 당신은 많은 대어를……"

과거 연봉과 큰 차이가 있음을 보여준다

"연봉은 인적 네트워크를 통해 알게 된 새 고객과 계약을 맺을 때 늘어납니다. 더욱 놀라운 뉴스는 이런 식으로 일하는 사람은 당신뿐이라는 사실입니다. 자, 더 많은 돈을 벌었습니다. 이 돈을 가지고 무엇을 하시겠습니까?"

늘어난 수입으로 생활을 바꾸자

"새 자동차를 원하세요? 늘어난 수입으로 여행을 다녀오실 수도 있습니다."

"멋진 자동차와 휴가 못지않게, 제가 여러분께 드리고 싶은 것은 바로……"

위풍당당하게 근무하자

"열심히 일한 보답으로 이 달의 네트워크 왕으로 선발되셨습니다."

"이렇듯 네트워킹으로 연봉을 높일 수 있습니다. 다만 주의할 점은……"

10. 중요한 포인트들을 서로 연결하라

이야기가 한결 부드러워진 게 느껴지는가? 이렇듯 당신의 프레젠테이션도 포인트들을 적절하게 연결해주면 산뜻해진다.

이렇게 하는 가장 좋은 방법을 나는 '바이(Bye)-하이(Hi)' 라고 부른다. 이미 다룬 포인트에게는 "바이!"(잘 가)라고 말하고, 새 포인트에게는 "하이!"(어서 와) 하고 반기는 것이다.

예컨대 별표를 해둔, "어때요, 더 많은 돈을 벌 수 있다니 굉장하지 않습니까? 하지만 더 좋은 방법이……"라는 문장을 살펴보라. 여기서 "더 많은 돈을 벌 수 있다"는 말은 '돈' 이라는 앞서의 포인트에 작별을 고하고, "하지만 더 좋은 방법" 이라는 표현은 다음 포인트를 반기는 환영의 인사다.

11. 양동작전을 이용한 슬라이드를 준비하라

'파워포인트만 보다가 끝난 거 같아.'

당신도 이렇게 푸념한 프레젠테이션을 겪었을 것이다. 나는 그런 경우를 너무나 많이 보았다. 그것 참 놀라운 일이 아닐 수 없다. 오래도록 기억에 남아 있는 경우가 있는데, 다만 그의 이름은 밝히지 않겠다. 그 프레젠테이션의 하이라이트는 이랬다.

☐ 슬라이드마다 단어들로 빼곡했다.

☐ 모든 슬라이드가 녹색 바탕에 노란색 글자로만 꾸며져 있었다.

☐ 단어들은 너무 작아 읽기 힘들었다.

☐ 전부 136개의 슬라이드가 등장했다.

☐ 프레젠테이션은 꼬박 한 시간이 걸렸다.

☐ 강사는 슬라이드에 적힌 것을 또박또박 읽었다. 다른 말은 한 마디도

애프터의 힘

없었다.

☐ 최악의 경우가 벌어졌다. 슬라이드에 적힌 것을 따로 프린트해 나누어준 것이다. 다시 말해 프레젠테이션이 시작하기 전에 우리는 이미 원고를 다 읽었다.

끔찍한 일이 아닐 수 없었다. 나는 처음 2분 만에 무기력함에 빠지고 말았다. 나머지 58분 동안 무슨 일이 벌어지리라는 것이 환하게 보였기 때문이다. 내가 할 수 있는 것이라고는 아무것도 없었다.

슬라이드를 통한 설명이 이런 참담한 결과를 불러오는 것을 막으려면 양동작전을 써야 한다. 당신과 슬라이를 이용한 양동작전……. 나는 이 작전을 두고 '두 명의 로니' 라고 부른다.

영국에는 〈로니 쇼〉라는 유명한 코미디 프로그램이 있다. 로니 바커와 로니 콜베트가 출연한다. 이 쇼는 단막극 형태의 꼭지들로 대중에게 웃음을 선사한다. 말하자면 조크와 드라마를 섞어 놓은 것이라고나 할까.

이들이 진행하는 조크의 한 형태는 뉴스 풍자 쇼다. 언제나 "오늘 뉴스에는 ……"이라는 말로 시작해 현실을 비꼬는 재미있는 내용이다.

이들이 뉴스를 읽을 때면 두 로니는 번갈아 가면서 조크를 던진다. 두 로니가 동시에 같은 조크를 말하는 것은 결코 볼 수가 없다. 만약 둘이 동시에 떠든다면 시청자들은 텔레비전에 대고 고함을 지를 것이다.

"거 좀 한 명은 조용히 해! 둘이서 동시에 떠들면 무슨 말인지 알아들을 수가 없잖아!"

당신의 슬라이드도 마찬가지다. 프레젠테이션을 할 때면 당신과 슬라이드가 번갈아가며 발표를 맡아야 한다. 왜냐고? 당신과 슬라이드가 동시에 떠들어대면 청중은 소리를 지르고 말 것이기 때문이다.

프레젠테이션, 그들에게 봉사하라

"닥쳐! 무슨 말인지 하나도 알아들을 수가 없잖아."

알다시피 당신(로니 1)이 정말 잘할 수 있는 것은 사람들을 사로잡는 것이다. 열정을 가지고 화두를 던질 때 청중은 마음의 문을 연다. 청중과 상호 교류를 나누며 그들의 마음을 휘어잡는 것이다. 당신이라는 사람의 성품이 빛을 발하는 순간이다.

슬라이드 쇼(로니 2)는 다른 면에서 탁월한 솜씨를 발휘한다. 그래픽과 도표, 차트 등을 구사하며 확실한 이미지를 심어준다.

당신(로니 1)이 여섯 장에 이르는 방대한 차트를 말로 일일이 설명하는 것은 의미가 없다. 로니 2가 간단하게 정리해주면 그만이다. 마찬가지로 로니 2가 완전한 문장을 써가며 설명할 필요는 없다. 말로 열정을 불어넣는 것은 슬라이드로 할 수 없는 일이다. 그것은 당신의 몫이다.

말하자면 당신 자신은 '열정의 로니'로, 슬라이드는 '그림 로니'로 각각 역할을 나누는 것이다. 이렇게 하면 서로의 장점을 충분히 살릴 수 있다. 슬라이드에 적힌 장황한 말은 전혀 힘을 쓰지 못한다. 그런데 아쉽게도 오늘날 비즈니스계에서 흔히 볼 수 있는 것이 장황한 슬라이드다. 파워포인트만 보다가 끝나는 상황은 그래서 벌어진다.

두 명의 로니가 동시에 떠들어서는 안 된다는 것은 그 어느 쪽도 혼자 힘만으로 완전한 메시지를 전해줄 수 없다는 의미가 들어 있다. 이는 전적으로 맞는 말이다. 프레젠테이션은 언제나 두 명의 로니를 필요로 한다. 따라서 슬라이드만으로는 충분하지 않다. 사실 장황한 슬라이드로 충분하다면 당신은 필요 없는 존재가 되고 만다. 아예 프레젠테이션 자체가 필요 없다. 그저 사람들에게 이메일로 보내고 '궁금하신 게 있으면 물어보세요' 하는 것으로 충분할 테니.

되도록이면 말을 삼가고 슬라이드로 시각 효과를 높여주는 것이 좋다.

애프터의 힘

□ 슬라이드에 적어 넣는 정보는 한 번만 보게끔 하라. 왜 이런 말을 하는지 당신도 잘 알 것이다. 녹색 들판에 노란 병아리 떼만 등장했던 앞서의 열악한 프레젠테이션을 생각해보라. 발표자가 1번 포인트를 가지고 열을 올리고 있는 동안 당신은 이미 5번까지 다 읽고 하품만 하고 있다. 그러니까 항상 슬라이드를 일목요연하게 핵심만 추려 만들어 당신의 설명에 집중하도록 하는 것이 좋다.

□ 파워포인트 슬라이드 쇼의 가장 중요한 기능은 'B' 문자다. 다시 말해 슬라이드 쇼를 하는 동안 자판의 'B'를 누르면 슬라이드 화면이 사라진다. 이는 곧 당신이 말하는 동안 '로니 2'를 입 닥치게 만드는 것을 뜻한다. 이렇게 하면 청중은 화면을 보지 않고 당신의 말에만 집중한다.

이제 당신의 프레젠테이션은 완성되었다. 하지만 아무리 훌륭하다고 해도 실제로 잘 발표하지 않으면 아무 소용이 없다. 꾸준한 연습이 필요한 시점이다. 열심히 연습할수록 내용을 환하게 꿰게 되고 그만큼 결과는 좋아진다.

프레젠테이션, 그들에게 봉사하라

흔히 사람들이 연습하는 행태를 나타낸 것이 다음 그림이다. 발표할 슬라이드가 열 개라면, 각 칸에 표시된 회색의 농도는 연습에 몰두하는 정도를 표현한 것이다. 색이 짙을수록 연습의 강도가 높다.

사람들은 처음에는 열심히 하지만 뒤로 갈수록 열의를 잃는다.

당신도 인정하는가? 이런 식의 연습은 시간만 잡아먹을 뿐 별 도움이 되지 않는다. 심지어 막판에는 될 대로 되라는 식의 자포자기에 빠지게 할 뿐이다.

물론 초반부를 무시할 수는 없다. 처음부터 청중을 사로잡는 것이 중요하기 때문이다. 하지만 이런 식의 연습에는 심각한 문제들이 있다.

□ 중요한 결말 부분이 힘을 잃는다. 연습이 충분하지 않기 때문이다.

□ 각 포인트들의 연결이 매끄럽지 않아 산만해 보인다.

□ 엉뚱한 곳에 힘을 쏟고 있다. 어쨌거나 당신은 프레젠테이션의 주제를 잘 알고 있다. 왜 슬라이드에만 매달려 시간을 허비하는가? 바이-하이를 이용해 흐름을 보다 매끄럽게 연결하는 데 더 많이 신경 써라.

훨씬 더 좋은 방법은 아래 그림처럼 하는 것이다.

시작 부분과 결말 그리고 연결을 타고난 본성처럼 자유자재로 활용할 수 있을 때까지 연습하라. 한두 번 정도 처음부터 끝까지 실전을 치르듯 발표해본다. 남는 시간은 좀더 활력을 불어넣어줄 요령을 찾는 데 써라.

애프터의 힘

시작 부분과 결말 그리고 연결을 타고난 본성처럼 자유자재로 활용할 수 있을 때까지 연습하라. 한두 번 정도 처음부터 끝까지 실전을 치르듯 발표해본다. 남는 시간은, "내가 만약 당신이라면……"에서 보았던 것과 같은 요령을 찾아 프레젠테이션에 좀더 활력을 불어넣어라.

이런 식의 연습이 훨씬 좋다. 무엇보다도 프레젠테이션이 응집력을 갖는다. 좀더 빠른 호흡으로 결말에 이를 수 있다. 그리고 잘 안 되는 분야, 즉 시작과 끝 그리고 연결을 집중적으로 연습할 수 있다.

연습할 때 주의할 점을 한 가지 더 짚어보겠다. 밤에 침실에서 연습하는 것보다 실전에서는 최소한 25퍼센트 정도 시간이 더 걸린다. 대본에 없던 애드리브를 구사할 때도 있고, 또 질문을 받다보면 그 정도 시간은 훌쩍 지나간다. 연습할 때 20분 정도 걸렸다면 실전에서는 25분이 넘을 수 있다는 점을 유념하라.

프레젠테이션을 진행하는 동안

성공적인 프레젠테이션을 실제로 대중 앞에 선보이는 기술은 비중 있게 다루어야 마땅한 주제다. 이 주제를 가지고 따로 책 한 권을 쓸 수 있을 정도다. 서점에 가면 이런 주제를 다룬 책은 수없이 많이 나와 있다.

이 책은 커뮤니케이션 시 끈적거림을 줄이는 데 초점을 맞추고 있다. 따라서 5장은 당신이 목표를 이루는 최고의 기회를 잡을 수 있도록 청중에게 보다 친근하고 끈적거림 없는 내용을 선보이는 데 집중했다.

하지만 성공적인 실전 기법을 전혀 다루지 않는 것도 문제가 있기에, 당

프레젠테이션, 그들에게 봉사하라

장 써먹을 수 있는, 이를테면 '내가 만약 당신이라면……' 과 같은 몇 가지 간단한 요령을 소개한다.

255, 256페이지의 '절제된 자세' 는 내가 만든 마케팅 프로그램 '상품 판매 전략 : 사업을 성공적으로 이끄는 단계적 가이드' 에서 인용한 것이다. 여기에는 효율적인 몇 가지 요령이 담겨 있다. 이를 활용하면 그날의 프레젠테이션은 확실히 달라질 것이다.

애프터가 없으면 성공도 없다

프레젠테이션의 시작부터 끝까지 그림을 그리듯 떠올려보라. 모든 것이 매끄럽고 순조로웠다. 준비도 훌륭했고, 발표는 프로와 다를 바가 없었다. 발표가 끝나자 청중은 입을 모아 "예!"라고 환호했다. 처음부터 끝까지 계획대로 진행된 것이다.

하지만 프레젠테이션의 성패를 결정하는 한 가지 결정적인 요소가 아직 남아 있다. 그것은 바로 애프터다. 당일 프레젠테이션에서 청중의 동의를 이끌어냈다고 할지라도 이 "예!"가 실제 성과로 이어지도록 만드는 책임은 당신에게 있다. 예를 들어 당신이 지금 판촉 활동을 하고 있다고 하자. 고객이 "좋습니다, 이것을 써보죠"라고 말하는 것으로는 충분하지 않다. 실제로 지갑을 여는 그 순간까지 긴장의 끈을 늦추지 말아야 한다.

애프터는 그래서 중요하다. 청중이 "예!"라고 하기는 했지만 실제로 아무 일도 일어나지 않는 경우를 많이 보아왔다. 이보다 더 맥 빠지는 일이 또 있을까.

애프터의 힘

절제된 자세

당신의 몸짓이나 태도가 뿜어내는 힘을 최대한으로 끌어올리기 위해서는 손과 발, 턱, 머리, 눈 등을 적절히 활용해야 한다. 어렵게 느껴진다고? 설명을 들어보면 간단하다.

손과 발, 턱, 머리, 눈 등을 적절히 활용해야 한다.

ⓐ 손은 어떻게 처리하나?

"도대체 손은 어떻게 하는 게 좋은 거야?"

발표자들은 손을 어쩔 줄 몰라 고민하는 경우가 많다. 발표를 하면서 손을 지나치게 의식하는 경향이 있다. 당신도 마찬가지인가? 해답은 간단하다. 당신만의 절제된 자세를 찾아라.

불필요한 손동작을 줄여야 한다. 손을 움직일 필요가 없을 때면 다시 손이 돌아가 있을 위치를 정하라.

나는 기도하듯 두 손을 모아 허리춤 높이에 두는 자세를 취한다. 강조할 포인트가 있을 때면 손을 떼어 동작을 취한 다음 곧 본래 자리로 되돌아간다.

당신에게 편안한 절제된 자세는 무엇일까? 이것을 찾아내면 아주 침착하고 편안해진다.

ⓑ 발은 어떻게 하는 게 좋을까?

몸무게의 60퍼센트 정도는 발등에, 나머지 40퍼센트는 뒤꿈치에 싣는다.

발표를 하면서 서성대서는 안 된다. 다리를 떨거나 앞뒤로 흔들거려서도 안 된다.

그 대신 두 발을 평상시보다 약 8센티미터 정도 더 폭을 벌려 바르게 선다. 이때 몸무게의 60퍼센트 정도는 발등에, 나머지 40퍼센트는 뒤꿈치에 싣는다. 훨씬 더 안정감이 있을 것이다.

물론 선 자세로만 있을 수는 없다. 가끔 움직여주는 것도 필요하다. 당신은 어떨 때 움직이고 싶은가?

솔직히 말해 나도 움직인다. 또 적절한 움직임은 청중에게 강한 인상을 심어줄 수 있다. 적절한 움직임은 불안함이나 초조함을 떨쳐버리는 데에도 도움이 된다.

중요한 것은 어떻게 움직이는가다. 느릿느릿 터벅거리지 말라. 천천히 맴도는 것도 좋지 않다.

그 대신 당신이 서 있는 위치에서 두세 발짝 정도 앞에 하나의 고정점을 정하고 앞으로 나아가라. 목표를 향해 걷는 것처럼 힘차고 확실하게 걸어라.

정해 놓은 위치에 서면 다시 다리를 벌리고 앞서처럼 몸무게의 60퍼센트 정도를 발등에 싣는다.

ⓒ 턱은 어떻게 해야 좋을까?

턱을 어떻게 하고 있는가에 따라 사람들은 당신의 감정이 어떤지 금방 읽는다.

턱을 치켜들고 있으면 건방지다는 인상을 준다. 반대로 턱을 숙이고 있으면 불안해하고 자신 없어 보일 수 있다.

턱이 취해야 할 절제된 태도는 다음과 같다.

청중과 시선을 맞추고 턱과 턱 사이에도 평행선이 있다고 상상하라. 이것이 청중을 바라보는 정확한 각도이며, 전달하기 원하는 메시지에 힘을 실어준다.

ⓓ 머리

어린 시절 "똑바로 서라"는 말을 무수하게 들어보았을 것이다. 지금 이런 자세는 그 어느 때보다도 중요하다.

머리를 똑바로 들고 바르게 설수록 허리가 곧추선다. 자신감을 확실하게 심어줄 수 있는 좋은 자세다. 그만큼 힘찬 모습을 보여줄 수 있다. 이럴 때 청중은 지갑을 연다.

ⓔ 눈

청중의 눈을 바라보라.

불안하거나 초조할 때면 그것을 들키지 않으려고 제3의 눈(상대의 이마)을 바라보는 경우가 있다. 하지만 알다시피 시선을 맞추는 것만큼 중요한 것은 없다.

눈과 눈이 마주칠 때 기적이 일어난다.

청중으로부터 최종적인 사인을 받기 위해서는 다음 두 가지를 반드시 실천해야 한다.

□ 행동으로 호소함으로써 동의를 얻어내라.
□ 누가 언제 무엇을 어떻게 할 것인지 확실하게 매듭지어라.

> "좋습니다, 대단하군요. 그러면 이제 우리 모두 동의한 겁니다. 이를 확실하게 진전시키기 위해 네트워크 코스가 언제 어디서 열리는지 자세한 사항을 이메일로 넣어드리겠습니다. 오늘 저녁이면 이메일을 받아보실 수 있을 겁니다. 참석하시는 걸 잊지 않도록 다이어리에 기록해두십시오. 그러면 기쁜 마음으로 기다리겠습니다."

통하는 프레젠테이션, 이것만은 지켜야

이 장에 소개된 내용을 충실히 따르면 젤리가 없는 깔끔한 프레젠테이션으로 성공을 만끽할 수 있을 것이다. 여기에는 당신에게 꼭 필요한 정보들만 다루었다. 모든 정보는 청중의 마음을 사로잡을 수 있도록 문장으로 가다듬었다.

하지만 당신이 다음에 프레젠테이션을 할 때 처음부터 끝까지 다시 읽을 필요는 없다. 이 장을 다음과 같이 활용하면 시간 절약에 큰 도움이 될 것이다.

1 ― 사례들만 다시 읽어보라.

2 ― 프레젠테이션 준비는 이 장에서 다룬 것과 같은 스타일로 하라.

3 ― 좀더 자세히 알고 싶을 경우에만 나머지 부분을 확인하라.

이런 스타일의 프레젠테이션은 매우 강력하다. 나는 이것을 전 세계 모든 분야의 기업들을 상대로 거듭 소개해왔다. 가장 중요한 것은 통한다는 사실이다.

이 장을 시작할 때 내가 던졌던 물음을 되새겨보기 바란다. 어쩔 줄 모르고 허둥대다가 기존에 만든 것을 베끼는 식으로 준비해서는 안 된다. 여기 소개된 기법들을 활용해 준비한다면 그런 일은 다시는 없을 것이다.

애프터의 힘

녹색 복도를 피하라

이제 커뮤니케이션이 성공적인지 아닌지는 애프터에 의해서만 가늠할 수 있음을 확실하게 깨달았으리라.

경제 분야의 책들 역시 애프터는 중요하다. 읽고 난 다음(애프터) 독자가 필요로 하는 실질적인 정보를 얻었을 경우에만 가치가 있기 때문이다.

이 책이 당신의 커뮤니케이션 기법을 키우는 데 도움이 되었는가? 당신의 커뮤니케이션이 한결 나아졌는가? 보다 생산적인 미팅을 갖게 되었는가? 매출 실적이 눈에 띄게 달라졌는가? 더욱 훌륭한 프레젠테이션을 할 수 있게 되었는가? 혹시 되는 대로 운명에 끌려가는 '녹색 복도'에 주저앉은 것은 아닌가?

첫 아이 미건이 태어나던 때가 떠오른다. 당시 나는 내가 그 누구보다도 훌륭한 아빠라고 생각했다. 내 딸은 정말 행복해했다. 미건은 자라면서 마주치는 것이면 무엇이든 관심을 아끼지 않았고, 사람들의 귀여움을 독차지했으며, 누가 무슨 말을 하더라도 어기는 일이 없었다.

"바운즈, 자네는 아빠가 된 게 정말 자랑스러운가 봐!"

친구들은 맨 먼저 아빠가 된 나를 두고 이렇게 부러워했다. 당시 나는 인생을 사는 보람이 무엇인지 알 것 같았다. 아빠 노릇은 그만큼 즐거웠다.

그리고 그 다음으로 잭이 태어났다.

나는 지금도 모르겠다. 사내아이들은 어른 말을 듣기 싫어하는 걸까? 아니면 내가 지나치게 기대하고 요구한 걸까? 녀석은 어질러놓기 박사였고, 장난이란 장난은 모두 저질렀다. 내가 말하는 것은 들은 척도 하지 않았다.

그래서 나는 문득 깨달았다.

'내가 그렇게 훌륭한 아빠는 못 되는구나!'

내가 좋은 아빠여서가 아니라, 미건이 그토록 착한 딸이었던 것이다.

하지만 점차 잭을 알아가면서, 아들이 그렇게 못된 개구쟁이가 아님을 깨달았다. 내 말을 듣지 않으려고 해서 그랬던 것이 아니었다. 다만 내가 말한 것을 돌아서면 잊어버렸던 것뿐이었다. 그만큼 잭은 호기심이 왕성했다. 눈에 띄는 것마다 흥미를 갖고 달려들었다. 이것을 분명하게 깨달을 수 있었던 것은 어느 날 저녁, 잭에게 애니메이션 책인 《빨간 트랙터 통통》을 가져오라고 일렀을 때였다.

아장거릴 때부터 잭이 가장 좋아하던 책이었다. 아마도 아이가 천 번 이상은 보았을 것이다. 그 책 이야기만 하면 눈빛이 초롱초롱해지던 잭의 모습이 훤하게 떠오른다. 이번에도 다르지 않았다.

당시 잭과 나는 응접실에 앉아 있었다. 응접실은 기다란 복도와 연결되어 있었다. 아파트였던 우리 집은 기다란 복도에 모든 방들이 연결되어 있는 아주 간단한 구조였다. 복도에는 녹색 카펫이 깔려 있었고, 벽도 온통 녹색이었다. 그래서 우리는 복도를 '녹색 복도'라고 불렀다. 복도를 중심으로 응접실과 잭의 방은 양쪽 끝에 있었다.

나는 "빨간 트랙터 통통이, 빨간 트랙터 통통이, 나는 빨간 트랙터 통통이를 가지러 갈 거야" 노래 부르며 복도를 걸어가던 잭의 뒷모습을 똑똑하

애프터의 힘

게 기억한다. 그런 잭을 바라보며, 아들이 더없이 사랑스러워 가슴 저렸던 것까지…….

그때 갑자기 복도 중간쯤에서 잭이 멈추어 섰다. 그리고는 맞은편 문짝을 향해 "화장실!" 하고 탄성을 지르더니 문 안쪽으로 눈 깜짝할 사이에 사라졌다.

믿을 수가 없었다. 너무나 당황스러웠다. 그 좋아하던 책을 가지러 가는 길이 아니었던가? 그리고 복도 끝에 그 책이 있었다. 그런데 무엇인가 더욱 흥미로운 게 잭의 시선을 송두리째 빼앗은 것이다.

한달음에 복도를 내달린 나는 화장실 안을 들여다보았다. 잭은 바닥에 퍼질러 앉아 놀고 있었다.

"지금 뭐하는 거니?"

"놀아요, 아빠!"

"그래? 빨간 트랙터 통통이는 어떻게 하고?"

"빨간 트랙터 통통이? 빨간 트랙터 통통이?"

잭은 깡그리 잊어버린 것이다. 뭐 하러 가던 길인지 기억하지 못했다. 아빠의 무릎에 앉아 그 책을 그토록 재미있게 보던 기억을 까맣게 잊어버린 것이다.

잭과 그 책을 떠올릴 때마다 나는 경제서적을 읽는 대부분의 사람들도 마찬가지가 아닐까라는 생각을 지울 수 없다. 그들은 자신의 일을 키워줄 무엇인가를 읽고 싶어한다. 말하자면 사업에 곧바로 활용할 수 있는 무엇인가 찾고 있는 것이다(애프터). 그래서 그들은 녹색 복도를 따라 기웃거리기 시작한다. 물론 여기서 '빨간 트랙터 통통이, 빨간 트랙터 통통이' 라는 노래는 '애프터, 애프터' 로 바뀐다.

잭이 간 화장실처럼 복도를 반도 가지 못해서 무엇인가 다른 것이 그들의 주의를 잡아끈다. 급하게 일이 생기고, 마감일에 쫓기기도 하고, 이메일을 읽느라 정신이 없기도 하다. 뒤를 좇아 달려간 내가 지금 뭐하고 있느냐고 물으면 대답은 한결같다.

"이메일 읽고 있는데요."

"그러면 애프터는 어찌 된 거죠?"

잭과 마찬가지로 대답은 이렇다.

"애프터요? 무슨 애프터? 아 그거……. 잠깐만 기다리세요, 이거 끝나고 나면 바로……."

자, 당신도 녹색 복도를 달려가다가 운명의 장난에 휘둘리지 않는다고 어떻게 보장할까?

이 책을 읽고 난 다음(애프터) 당신의 사업을 키우는 데 도움이 되지 않는데도 내가 애프터의 덕목만을 읊조린다면 그보다 위선적인 일은 없을 것이다. 그래서 여기서 읽은 것을 확실히 자기 것으로 만드는 간단한 방법을 소개하고자 한다.

1 — 각 장마다 정리한 요약을 철저히 읽어보라.

2 — 눈을 감고 각 항의 보다 자세한 내용을 떠올려보라. 서로 연관된 장을 훑어본다.

3 — 어떤 것이 당신의 일에 당장 적용할 수 있는지 생각해보라. 그리고 실천하라.

4 — 상대방을 다시는 끈적거리는 상황에 빠뜨리지 말라.

애프터의 힘

상대방을 다시는 끈적거리는 상황에 빠뜨리지 말라. 그리고 다시는 끈적거리는 상황에도 빠지지 말라. 깔끔하고 분명한 커뮤니케이션, 그리고 애프터만이 당신을 성공으로 이끌 것이다. 더 이상 녹색 복도에 주저앉거나 옆으로 비껴가지 말고, 당신이 진정 원하는 길을 가라.